国家社会科学基金重大项目
"乡村振兴与深化农村土地制度改革"（19ZDA115）阶段性成果

KESI YU MAKESI DE CHANQUAN LILUN BIJIAO:
CAICHANQUAN SHEHUI YIWU DE SHIJIAO

科斯与马克思的产权理论比较：
财产权社会义务的视角

米运生　危旭芳　著

中山大学出版社
SUN YAT-SEN UNIVERSITY PRESS

·广州·

图书在版编目（CIP）数据

科斯与马克思的产权理论比较：财产权社会义务的视角/米运生，危旭芳著. —广州：中山大学出版社，2024.1
ISBN 978 - 7 - 306 - 08035 - 6

Ⅰ. ①科…　Ⅱ. ①米…②危…　Ⅲ. ①马克思主义—财产权—研究　Ⅳ. ①A811.66

中国国家版本馆 CIP 数据核字（2024）第 014879 号

出　版　人：王天琪
策划编辑：曾育林
责任编辑：曾育林
封面设计：曾　斌
责任校对：梁锐萍
责任技编：靳晓虹
出版发行：中山大学出版社
电　　话：编辑部 020 - 84113349，84110776，84111997，84110779，84110283
　　　　　发行部 020 - 84111998，84111981，84111160
地　　址：广州市新港西路 135 号
邮　　编：510275　　　　传　真：020 - 84036565
网　　址：http://www.zsup.com.cn　　E-mail:zdcbs@ mail. sysu. edu. cn
印　刷　者：广东虎彩云印刷有限公司
规　　格：787mm×1092mm　　1/16　　6.5 印张　　102 千字
版次印次：2024 年 1 月第 1 版　　2024 年 1 月第 1 次印刷
定　　价：30.00 元

自　序

　　人是观念和思想的产物。观念和思想使人有别于动物。观念是复杂而多样化的，它的最高层次是偏见、成见或者意识形态。在意识形态层面，人固然会高于动物，但经常堕落到动物的层面。要识别那些堕落的观念，并不总是很容易：因为它们总是以"社会总福利""整体利益"的口号而被阐述和表述；因为这些观念往往经过科学外衣的包装，经过了聪明大脑的逻辑论证。要揭露和批判这些堕落的观念，并不是很容易。这是因为，许多观念和思想的文字表达是模糊的，科学本身是可证伪的，人在认识水平和科学训练方面的不同也容易产生不同的理解。更重要的是，观念、思想往往与利益（包括物质利益、社会地位、个人尊严等）裹挟在一起，甚至思想的背后往往是利益。思想与观点的冲突，往往带来激烈的冲突和矛盾，甚至给创新者带来死亡之威胁——想想被罗马教廷烧死的伽利略，想想被扔进大海的希伯索斯（Hippasus），想想被锁于高加索山崖的普罗米修斯，这个道理是很容易明白的。但是科学总会战胜谬论，正义总会战胜邪恶。马克思主义在中国的传播，便是强有力的佐证。

　　中华人民共和国成立后，特别是改革开放以来，中国的经济、社会发展取得了重大成就。这在很大程度上要归因于经济体制的改革和思想理论的创新。其中，经济理论与思想的创新，发挥了特有的作用。理论的创新，建立在对传统的解构与重构之上，更是源于时代需要而进行的建构。中国的经济体制改革，在巩固公有制和社会主义市场经济体制基本成熟的背景下，也步入以创新分配体制为主的新阶段。用什么样的指导思想引领中国未来的经济体制改革？无疑是马克思主义。但是，这不是对马克思、恩格斯著作原文的照搬，而是需要根据其基本理念，结合中国国情而进行发展和创新，实现马克思主义经济思想的中国化。马克思主义经济思想中国化的实现，需要与西方意识形态进行坚决的斗争。

在价值观的意识形态层面，要识别和批判私有制，并不困难。由于前述原因，在经济理论的具体领域，特别是产权理论领域，却并不容易。对于科斯产权理论，我们便面临着这种窘境。产权理论与微观主体的激励及治理机制，与宏观层面的经济体制乃至于所有制关系，都有密切联系。科斯的产权理论之所以有如此之多的版本和如此之多的理解，主要原因之一是，它自身隐含着不同层面的产权意义。科斯通过对外部性责任界定这个话题，以科学的名义掩盖他隐藏于内心的私有制意识形态和新自由主义的价值观。另一个主要原因是，可能许多人并未完全通读和理解《社会成本问题》的原文，他们不是通过精读原文而是通过对科斯产权理论加工和包装后的科斯定理去理解科斯的产权理论。也有不少的人，按照对自己有利的标准去解读科斯，甚至通过有意的扭曲和误解，凭借科斯的巨大名声而通过伪作的科斯定理去宣传自己的理论。

不同的基本经济制度，建立于不同的价值观之上。这决定了科斯与马克思理论之于中国的不同意义。在转轨时期，庸俗化的科斯理论通过制度安排层面的激励机制改革而提高效率、鼓励竞争等，曾经发挥过有限的借鉴作用。然而，在中国现代化建设已经步入共同富裕的第三阶段，中国特色社会主义进入新时代，进入贯彻创新、协调、绿色、开放、共享的新发展理念的时期，科斯产权理论似乎已经落后而过时了。但是，科斯定理在中国内地的学术界依然有很大的市场，并在各个层面误导中国经济体制的价值取向。深刻领会和理解科斯有关外部性责任界定的真实态度及其蕴含的产权含义，揭露科斯理论的庸俗化内容和过程；在批判科斯理论的基础上，围绕外部性责任界定这一主题，阐述马克思理论及其中国化，推进有科学的价值观指导中国社会主义基本经济制度的完善。这些都是学术界面临的迫切的使命。

这本书就是基于上述目的而写作的。当然，本书也必然存在许多的不足，甚至难以完成彻底揭露科斯理论错误的目标。这一方面是囿于笔者的学术能力；另一方面是因为对科斯理论的批判，面临着理论和方法两个方面的困难。在理论上，西方学者固然对科斯定理有一些争论，甚至也曾严厉地批评科斯理论。但是，对于科斯理论的真正错误，西方学者是秘而不宣的。因为，在为私有制辩护等意识形态方面，科斯与那些批评者是"志同道合"的朋友。那些批评者不但不能批评和揭露科斯的错误，甚至要感谢科斯。这使得中国学者不可能通过西方学者的批评，来了解科斯产权理论的本意及其所隐含的价值观，也不可能得到关于科斯产权理论错误方面真正有用的认识。国内的学者对科斯定理的理解，也是多种多样的。科斯产权理论在中国的以讹传讹现象是非常严重的。

笔者没有将科斯定理拉下神坛并终结理论纷争的能力和愿望。但是，希望本书能够有助于读者了解科斯产权理论的核心观点、庸俗化的传播形式及其对中国经济体制改革的毒害性，有助于读者了解中国特色社会主义基本经济制度的普适性和优越性。由于各种原因，本书肯定存在这样或那样的不足与缺陷。比如，笔者对科斯产权理论的理解，也只是一家之言，故而也可能存在偏颇乃至错误之处。再如，笔者对国内外（特别是国外）学者对科斯定理的理解、阐述和评价，不但有许多文献没有阅读，即使阅读了，也可能理解不到位。当然，对马克思的相关理论和国内外学者研究马克思产权理论的文献，也付之阙如。对于这些不足或错误，恳请读者谅解。特别是，本书在对科斯产权理论的解读和庸俗化表达等方面，可能存在的理解偏差甚至错误。对此，也欢迎读者批评指正。

米运生

2023 年 7 月 1 日

前　言

科斯被视为现代产权理论的奠基者，科斯定理被认为是现代产权理论的拱顶石。科斯在中国有着众多的拥趸，科斯定理对中国经济学界有着非常广泛的影响。科斯的产权理论记载于《社会成本问题》一文。尽管人们对科斯定理存在不同的理解，但它的基本的意思（或者说大部分读者所默认的意思）是：如果交易成本为零，则初始权利的界定，不影响资源配置的效率。用科斯的原话来说就是，"在市场交易的成本为零时，法院有关损害责任的判决对资源的配置毫无影响"①。在这里，读者已经看到了科斯原话与科斯定理的一些显性差异：前者是针对外部性的责任界定而言，后者则是一般意义上的财产。既然研究对象不同，那么科斯的原话又为何以科斯定理的名义而被赋予更广泛和更一般的产权经济学含义呢？这很可能表明，科斯定理是对科斯原话的一种曲解。进一步讲，科斯的原话所阐述的产权经济学的含义是什么呢？甚至，科斯的结论是正确或者是科学的吗？

因为产权理论科斯于 1991 年获得诺贝尔经济学奖。科斯定理也早已经被纳入主流经济学领域。然而，科斯产权理论是个理论迷雾：关于科斯对外部性的真实态度及其蕴含的产权观点鲜有人知，庸俗化的科斯定理却广为流传。上述问题的提出，意味着一旦要开始思考这些问题，便需要解构和

---

① 〔美〕科斯：《社会成本问题》，见《论生产的制度结构》，盛洪、陈郁等译，上海三联书店 1994 年版，第 149、151 页。

重新理解科斯定理，也需要学者们去廓清科斯定理的理论迷雾。

回答上述问题，有着非常重要的意义。一个原因是，科斯定理有着非常深远的影响，学者有必要究其本意。更重要的原因是，对科斯定理的解读，涉及中国产权制度乃至于基本经济制度改革的价值导向。如果科斯定理是错误的，则必然会产生极具伤害性的误导，那么也要求我们揭露其错误，并通过马克思产权理论的中国化，去指导中国的经济体制改革。

为了回答上述问题，需要开展如下研究：《社会成本问题》一文在核心假设、论证方法等方面是否存在严重的缺陷，并由此导致研究结论的错误？科斯对外部性责任界定的真实态度是什么？这种态度的背后所隐含的产权经济学含义是什么？科斯的产权理论为何及如何被庸俗地曲解为阐述产权与经济增长之关系的科斯定理？科斯定理的流行是源于其对外部性责任界定的态度，还是出于宣传资本主义私有制意识形态的需要？与科斯产权理论相对应，马克思关于外部性责任界定的态度以及所隐含的产权经济学含义是什么？在理论与实践两方面，科斯与马克思的贡献有何差异？中国是如何根据马克思主义基本原理，结合国情，通过马克思产权理论的中国化，建立起与中国特色社会主义市场经济相适应的基本经济制度的？这一基本经济制度是否具有普适性价值？考虑到学者们对科斯定理的各种误解，我们需要对《社会成本问题》一文进行系统的研究和解读，进而梳理和挖掘马克思产权理论，阐述马克思产权理论的中国化。

本书的主要观点包括如下几个方面。科斯经济分析的核心假设、边际方法以及结论，都是错误的。拨开理论迷雾，科斯对于外部性责任界定问题的真实态度是，排污是财产所有者的权利，受害者应承担赔偿责任或采取预防措施；隐藏于其中的产权观点是，以效率之名，施否认财产使用权的社会义务之实。被乔装的科斯定理被视为现代产权理论的拱顶石，成为鼓吹私有制和攻击社会主义公有制的理论武器。理论的私有制辩护性和政策建议的时光倒置，注定了科斯产权理论的反动与落后。与之相反，基于公平理念的马克思产权社会义务理论，反对以贫困、健康、环境为代价的增长，从占有、使用、收益诸维度，全面阐述财产权的社会义务。中国沿着生产资料所有制、经济运行机制和分配方式三者协调、整体发力、优势互补、相互促进的路径，实现了马克思产权理论的中国化，建立起普适性的社会主义基本经济制度。

不同的基本经济制度，建立于不同的价值观之上。这决定了科斯与马克思理论之于中国的不同意义。在转轨时期，庸俗化的科斯理论通过制度安排层面的激励机制改革而提高效率、鼓励竞争等，曾经发挥过有限的借鉴作用。在中国步入现代化建设第三步的新阶段，在贯彻创新、协调、绿色、开放、共享新发展理念的新时代，中国要完善社会主义基本经济制度的理论建构，只能通过马克思产权理论的中国化。私有制意识形态的渗透、科斯理论的迷惑性等因素，使得科斯理论在中国依然有一定的市场。在进一步完善基本经济制度时，我们要始终警惕科斯理论的糖衣炮弹。同时，要坚持马克思主义中国化的"两个结合"，充分重视生产资料所有制、经济运行机制和分配方式三者的协调作用，实现整体发力、优势互补、相互促进，在相辅相成、相得益彰中发挥最大效用。推动生产、流通、消费、分配的改革协同配套，在

3

加快推进高质量发展中开创中国特色社会主义共同富裕的新道路。

目　　录

0 绪论

0.1 科斯定理的理论迷雾与西方批判的局限性

芝加哥大学的科斯（R. H. Coase）是一位传奇式经济学家。活到102岁的他尽管论著颇少，但凭着《厂商理论》（1937）和《社会成本问题》（1962）两篇经典论文而获得诺贝尔经济学奖。由于拓展了科斯开创的领域，一些后继者陆续摘取了诺贝尔经济学奖桂冠。其中包括：乔治·斯蒂格勒（1982）、道格拉斯·诺思（1993）、奥利弗·威廉姆森（2009）和奥利佛·哈特（2016）等。詹姆斯·布坎南（1986）虽然属于公共选择学派，但对产权理论也有重要贡献。哈罗德·德姆塞茨、桑福德·格罗斯曼、张五常等也都因为拓展科斯的领域而享有广泛声誉。就诺贝尔奖获得者人数来说，新制度经济学派乃无与伦比。即便与（新）凯恩斯主义学派比较，亦如此。

科斯的显赫名声来源之一是产权理论的重要贡献。斯蒂格勒把科斯的产权思想表达为科斯定理。基本观点是科斯在《联邦通讯委员会》（1959）一文提出来的："权利的界定是市场交易的基本前提，……最终的结果（促进产出最大化）与法律判决无关。"[1] 科斯认为："科斯定理的实质，我在《社会成本问题》一文以较大的篇幅复述了这一点，阐明这一结果取决于交易费用为零的假设。"[2] 尽管科斯本人做出了阐述，但相对于《厂商理论》的广泛好评，《社会成本问题》充满了争论。

---

[1] R. H. Coase. *The Federal Communications Commission*. Journal of Law and Economics, Vol. 2, pp. 1 – 40.

[2] 〔美〕科斯：《关于"社会成本问题"的注释》，见盛洪主编《现代制度经济学》，中国发展出版社 2009 年版，第 40 页。

　　争论不断的主要原因是，科斯的产权思想已经被符号化和标签化，并且被乔装为现代产权理论的代表。是故，科斯定理本身并不是科斯产权理论的真实观点，而是已经被包装过的修正主义。这使得学者们对科斯的产权思想存在大量有意或无意的误解和巨大的理论混乱。这种混乱，可由学者们对科斯与科斯定理迥异的评价而知一斑。比如，新制度经济学的著名学者张五常教授就极度推崇科斯。与此不同，《新帕尔格雷夫经济学大辞典》"科斯定理"条目的撰写者库特认为："科斯定理，……存在障碍"，"有可能是错误的"，"交易成本论犯了方向性错误"，"科斯定理的交易成本论应被看作谬误"。① 斯蒂格利茨干脆认为科斯定理乃"科斯谬误"，产权清晰论只不过是"产权神话"罢了。② 他还警告世人："这种神话是一种危险的神话，因为它误导了许多转型国家把注意力集中在产权问题上即集中在私有化上。"③ 不过，所谓的批评看似严厉，其实是避重就轻。科斯定理到底遇到哪些障碍？方向性错误是什么？库特避而不谈。斯蒂格利茨的批评最激烈，但亦未指出错误之所在。所谓的批评似乎在与说不清的迷雾进行搏斗。

　　为何西方主流学者对科斯的错误避而不谈？原因不得而知。吾侪所知的乃是：从定理与谬误等鲜明对比的态度而可知，学者的评价大异其趣。吾侪也发现：这些批评主要基于意识形态而非学术本身。主张资本主义私有制的张五常，视科斯定理为圭臬。信奉国家干预主义的（新）凯恩斯主义如斯蒂格利茨，视科斯定理为谬误。价值相对中立的学者比如萨缪尔森等则从论证方法的技术角度批评科斯定理。这初步表明，科斯思想已被符号化和工具化，已被贴上了某种简单但便于识别和宣传的标签。从这些大相径庭的认知可知，科斯定理必定在某个地方有某些隐秘的错误。但是，囿于意识形态和阶级利益的西方学者，却不能揭示这些错误。故而，批评是表面

---

　　① 〔美〕库特：《科斯定理》，见《新帕尔格雷夫经济学大辞典》第 1 卷，陈岱孙等译，经济科学出版社 1996 年版，第 499、500 页。

　　② J. E. Stiglitz. *The Economic Role of the State*. New Jersey：Basil Blackwell, 1989, p. 36.

　　③ J. E. Stiglitz. *Whither Socialism?*. MA：MIT Press, 1994, p. 252.

的，并不能够切中要害。因为科斯产权思想的核心本质及其所隐匿的价值观，契合西方的主流意识形态。故而，批评者们对科斯的错误讳莫如深。

欲盖弥彰反而会使人们更加确信：科斯定理是错误的。这些错误因为符号功能和宣传功能而不能被西方学者所揭露。科斯产权思想的本质是什么呢？真正的错误是什么呢？一旦开始思考这两个问题，那么必然要触及更深层次的话题：由于科斯定理已经工具化，那么现代产权理论的圣经——《社会成本问题》的思想核心很可能不是被包装过的"科斯定理"。如果猜测属实，那么便意味着学者们长期以来所关注的问题远离了靶心。注意力的转移使人们忽略了真正重要的东西。

如果事实真是这样，那么便意味着：那些定义和引用科斯定理的人，把科斯的本质藏于心底，选择性地把表象加以言说并借用科斯定理来申诉其自身的某种执念。鉴于科斯定理和科斯本人的广泛影响，鉴于科斯定理对于中国经济体制变迁和经济发展模式走向的重要影响，上述质疑哪怕只有一点点合理成分，也需要严肃对待。为此，我们必须追问科斯产权思想的本质，进而把西方学者藏于心底而科斯本人也有意隐匿的谜底揭示出来。

0.2 对科斯定理的批判及其局限性

科斯与科斯定理，在中国内地学术界有着极其广泛的影响。学者们对科斯定理的评价，也大致分为两类。支持科斯定理的文献，主要有两个学派。其中一个学派认可产权在改善激励效果、提高资源配置效率和促进经济增长方面的作用。这是对科斯定理的主要理解，也被认为是科斯对产权经济学的主要贡献。对科斯定理的这一理解或认识，也是经济学的主流，甚至可以说，"科斯理论也已经成为一个传统。……成为新的主流传统"（罗必良，2017）。另外一个学派是出于对新自由主义、自由放任的推崇而讴歌科斯定理。

批评的文献，主要也有两个学派。其中一个学派是从学术方面去批评的：比如认为科斯定理是同义反复或者仅仅适合于环境污染等有限的外部性领域，或者认为科斯定理关注产权界定对生产制度结构而忽略产权交易的制度结构（罗必良，2017），关注资源配置效率而忽略收入分配等社会效应，等等。批判科斯的另外一个学派的研究，是一些马克思主义学者基于价值观、方法论而开展的。比如，吴易风（2007）全面阐述了科斯与马克思的方法论差异，从八个方面总结了马克思的产权思想，揭露了科斯为私有制辩护的阶级本质。①黄少安（1992）从个人主义、功利主义、自由主义等方面，系统归纳了产权经济学的基本方法论。吴宣恭（2000）深入揭示了科斯定理与新自由主义的联系。林岗、张宇（2000）从世界观和价值观两方面比较了两种理论范式，阐述了财产权主要问题的认识分歧：法权关系与经济关系、交易关系与生产关系、自然权利与历史权利。其他诸多学者，进行了更具体的比较分析，但在方法和理论等方面，与上述经典文献大抵一致。因为阐述了马克思产权理论的主要内容，指出了价值观和方法论的根本性差异，故而这些研究在理论原则上实现了对科斯定理的拨乱反正，在实践上指明了中国经济制度改革的正确方向。

但是，对科斯的批判亟待深入。他的方法论错误已为人所知，但经济分析方法中隐秘的错误至今仍未被揭示。关于科斯的主要观点，学者们依然争论不休。由于科斯定理被神秘化、玄学化和形而上学化，所以无论支持还是反对的观点大都不得要领，甚至并未有真正的论战。因为他们往往是"自己的影子里的虚假斗士"②。这主要表现在两个方面。从学术批判看，无论是支持者还是批评者，他们通常在潜意识中将科斯定理视为科斯产权思想的核心，把产权界定与效率的关系视为科斯定理的主要内容。他们的分歧集中于产权界定与效率之间的具体关系以及产权界定的方式、主体与影响因素

---

① 吴易风：《产权理论：马克思和科斯的比较》，载《中国社会科学》2007年第2期。
② 〔德〕康德：《纯粹理性批判》，李秋零译注，中国人民大学出版社2011年版，第500页。

等。这部分文献从表面看似乎是科学讨论，但很可能离开了科斯产权思想的靶心。尽管也有学者认识到科斯想借助于"外部性"这个话题来表达他关于产权理论的一般观点，但科斯产权理论的核心思想就是这些通常的科学共识吗？如果是，那么又如何解释科斯被视为私有制的辩护士？科斯产权思想应该有某种哲学理念和意识形态的基因。这种基因中潜伏着科斯对外部性责任界定问题的态度和产权理论的核心思想。遗憾的是，这种基因却被各种批评或支持科斯学术贡献的学者所忽略。科斯在《社会成本问题》一文中所阐述的产权观点，一直因为各种原因而未被发现。进而，那些讴歌或批判的人，常陷入形而上学的藩篱。出现此种情形，不足为奇。

0.3 揭露科斯定理的方法论基础与着力点

在全面实现小康社会的基础上，中国已然朝第二个百年奋斗目标迈进。新阶段经济制度改革的使命，是兼顾效率与公平，扎实推进共同富裕。面临百年未有之大变局，东西方文明的冲突将更加激烈，并聚焦于经济制度。而产权是经济制度的微观基础和理论内涵，形塑着经济制度的宏观框架和实践形态。因此，如何在深刻剖析和批判西方产权理论的基础上，在马克思、恩格斯经典作家产权思想的指导下，结合中国国情，在不断完善中国特色社会主义基本经济制度的过程中实现马克思产权理论的中国化，乃吾侪之历史使命。通过西方现代产权理论而批判私有制，必以科斯定理为靶[①]，以马克思产权理论为矢。科斯与马克思，可以比较吗？直观看，似乎不可。马克思从所有制关系的宏大视角洞察产权的各个维度，科斯则局限于外部性的理论碎片。"科斯的产权理论无论在深度和广度上都无法与马克思相提并论"[②] 显然是一个正确的判断。但是，通过科斯理论的碎片可以揭开西方产权理论的面具，并由此一斑而窥探私有制全

---

① "科斯产权理论"是指本文经研究而提炼的基本观点，而非科斯定理。
② 吴易风：《产权理论：马克思和科斯的比较》，载《中国社会科学》2007 年第 2 期。

貌。是故，经济制度的两种理论有一定可比性。

然而，这种比较面临较大的挑战。对马克思博大精深的产权理论抽丝剥茧，透过时代烙印而洞察其基本理念，基于中国的实践而进行本土化的拓展，有赖于见微知著的理论抽象。为此，若要窥探隐藏在表象之下的本质，面对包装过的科斯定理，则必须与说不清的理论迷雾进行搏斗，才能撕开面具、洞察科学外衣包装下的谬论。

我们必须运用马克思主义的历史唯物主义方法，追问科斯产权思想的本质，进而把西方学者藏于心底而科斯本人也有意隐匿的谜底揭示出来。只有识别出经济分析方法的隐秘错误，才能实现对科斯定理釜底抽薪的批判；只有再现和重述其法律方法，才能展现阶级性的具体表现，才能使读者准确无误、明白明晰掌握科斯的真正观点。为此，必须找到穿透迷雾的真理之光和揭开谜底的方法。魔鬼隐藏在细节之中，科斯使用的经济分析方法本身也是一个照妖镜。我们也可以用它把时隐时现、不见全貌、神秘难测的"神龙"打回原形，打破科斯定理在私有制信奉者眼中的滤镜，窥探科斯的真实意图，戳穿西方产权理论的虚妄，从而把长期以来被西方主流学者和科斯本人有意隐匿的财产权观点，真实而原木地展示给读者。

科斯定理有不同版本（Medema，1995），学者们对它的理解也见仁见智（Thaler，1980）。对此，我们不禁要追问：科斯产权理论的谜底是什么？这需要对"科斯定理"开展具有理论穿透力的学术批判。沿着两条线索或可廓清科斯的思想迷雾。其一，抛开表面而直奔内心（即意识形态的思想信仰）。可以肯定的是，科斯主张私有制；同样也可以肯定的是，私有制的信徒内心必然持有强烈的精英主义价值观。可以肯定的是，科斯迷恋资本主义私有制；同样也可以肯定的是，私有制的信徒内心必然持有强烈的精英主义价值观。其二，围绕环境污染这一外部性主题去解读《社会成本问题》。科斯精英主义的价值观必然通过他关于外部性责任归属问题的论述，表达他有关产权的真实想法。

当人们把内化于心的精英主义价值观和物质利益所外显的财产权利联系在一起时，便找到了穿透迷雾的真理之光和揭开谜底的钥匙。怀揣着这一旨趣,本文将围绕《社会成本问题》一文而重新阐述科斯的核心观点,① 着重分析经济方法的错误性和法律方法的落后性,剖析科斯思想如何披着学术的外衣而充当意识形态的宣传工具。

要识别科斯分析方法的隐秘错误、揭示产权理论的核心观点和阶级特性,还需要将科斯有关外部性的观点和马克思宏大的理论,聚焦于产权理论的一个具体领域。这便是财产权的社会义务。这是因为,科斯的论文以外部性为对象而讨论"社会成本"问题。尽管概览马克思的著作也找不到财产权社会义务的文字表达,但马克思终其一生都为解决如下问题而奋斗:资本主义社会的两极分化带给工人和农民的失业、贫穷、饥饿、疾病等社会问题。马克思与科斯产权思想的分歧,集中于对一个核心问题的回答:对待外部性的基本理念是社会公平,还是产出最大化。持前一观点者,主张财产权的社会义务。持后一点观点者,赞成绝对财产权。对这一问题的理论观点与政策主张,马克思的态度一目了然。科斯则通过所谓的经济分析将外部性的责任归属问题巧妙地转换为产权的界定问题,暗地里则为私有制辩护。这使得科斯的方法有很强的欺骗性,理论具有很强的迷惑性。原本是毒药的科斯定理,被误以为是中国经济体制改革的精神食粮,在中国学术市场兜售并被大量学者所吞噬。

为正本清源,本文使用马克思主义的利箭,射向科斯定理的靶心,洞察其核心观点,廓清理论迷雾。从马克思的产权理论抽象出财产权社会义务的一般性观点,将之从占有拓展于使用、收益和处分等诸权能。透过时代烙印而洞察马克思产权理论的核心理念,分析财产权权能何以体现于基本经济制度,历史与逻辑一致地阐述马克思产权理论的中国化及其如何指导中国社会主义基本经济制度的动态建构②。

---

① 因科斯思想被有意地大量误传,为正本清源,本文会以较大篇幅重述《社会成本问题》原文和主要观点。

② 有一点需要说明。鉴于学者们熟知马克思产权理论的一般内容,而科斯定理则由于讹传而存在诸多的理论迷雾。本文比较分析的主要部分是揭露科斯定理所隐含的逻辑错误和科斯定理被符号化的过程。

1 科斯产权理论批判：外部性责任界定的论证及其错误

1.1 科斯看待外部性的基本理念及其批判

1.1.1 科斯看待外部性的基本理念：效率或产出最大化

外部经济自从被马歇尔提出之后，逐渐引起了学者的关注。随着环境污染等问题的加剧，西方国家也开始着手解决这个问题。解决外部性问题的经典方法，就是学者们耳熟能详的"庇古税"。庇古在其经典名著《福利经济学》（1920）中主张，为解决环境污染等外部性问题，须通过政府干预，对外部性生产者课税、惩罚或给予津贴以减少生产。无疑，在庇古看来，污染等负外部性不是人们所想要的负产品，政策的目的在于制止环境污染等负外部性问题，尽管这可能会影响增长。关于外部性的态度，一些学者误以为科斯也不喜欢外部性；他与庇古的区别只是在于解决外部性方法上的差异：庇古主张通过政府干预，而科斯则主张通过市场交易。也就是说，科斯找到了"市场交易"这个解决环境污染等外部性的另一个方法。

这是一种误会。尽管庇古并不是从公平角度去看待外部性的问题，但他很显然把外部性视为需要解决的问题——既然边际社会成本高于边际私人成本，那么也便意味着资源配置的扭曲。为解决这个扭曲，不能依靠市场的方法（比如外部性的生产者自觉行为）而是要通过政府的强制性手段（比如征税）。然而，上述这种理解，却是科斯本人明确反对的。科斯本人认为，福利经济学的错误不仅仅是分析方法的欠缺，"而是根源于明确福利经济学的方法中存在的基本缺陷"①。为此，他从"总体和边际的角度"②来论证这一观点。在提出基本看法之后，他便从"总体的角度"，即"产出最大化"或"整体利益"的角度去看待这个问题。从《社会成本问题》的引言到结尾部分，科斯就像妥瑞氏综合征患者般（或如祥林嫂般）不厌其烦地反复诉说：要从产出最大化（或成本最小化）的角度或"公共利益""整体利益"的角度，去看待外部性问题；不要因为污染等外部性问题而牺牲经济增长（或资源配置效率）。

引言部分在评论把排放烟尘的工厂迁出居民区这一传统观点时，科斯已经亮出了他的观点："依我之见，这些解决办法并不合适，因为它所导致的结果不是人们所需要的，甚至通常也不是人们所满意的。"③ 在《社会成本问题》的其他部分，科斯喋喋不休地重述他的基本观点："是要肉类还是要谷物？当然，我们不能贸然回答，除非我们知道所得到的价值是什么？以及为此所牺牲的价值是什么？"④ "在所有涉及有害影响的案例中，经济问题是如何使产值最大化"⑤；"引起侵害效应的企业应对受损者提供赔偿，这一信念显然不是将可获得的总产品与可供选择的社会安排进行比较之后得出的"⑥。凡此种种，不一而足。与学术观点相对应，科斯认为环境污染政策的目的在于"避免较严重的损害"。为此，他还建议学者，"在研究经济政策时，似乎也应利用类似的方法，比较不同社会安排所产生的总

---

① 〔美〕科斯：《社会成本问题》，见《论生产的制度结构》，盛洪、陈郁等译，上海三联书店1994年版，第189页。

② 〔美〕科斯：《社会成本问题》，见《论生产的制度结构》，盛洪、陈郁等译，上海三联书店1994年版，第142页。

③ 〔美〕科斯：《社会成本问题》，见《论生产的制度结构》，盛洪、陈郁等译，上海三联书店1994年版，第142页。

④ 〔美〕科斯：《社会成本问题》，见《论生产的制度结构》，盛洪、陈郁等译，上海三联书店1994年版，第142页。

⑤ 〔美〕科斯：《社会成本问题》，见《论生产的制度结构》，盛洪、陈郁等译，上海三联书店1994年版，第157页。

⑥ 〔美〕科斯：《社会成本问题》，见《论生产的制度结构》，盛洪、陈郁等译，上海三联书店1994年版，第187页。

产品"①。

　　显然，尽管论文题目是《社会成本问题》，但是科斯本人却不认为外部性是一个问题。解决环境污染等负外部性问题也不是他真正关切的问题。在科斯看来，为了经济增长，受害者应该忍受或接受外部性。通过引用学者观点和法官的判词，科斯多次重申了该观点。比如，他引用了美国学者普罗瑟（W. L. Prosser）的观点："世界上总得有工厂、冶炼厂、炼油厂，有噪音的机器和爆破声，甚至在它们给毗邻的人们带来不便时，也要求原告为了大众利益而忍受出现的并非不合适的不舒适。"再如，科斯通过引用英国法官 Doughty 的判词而主张"某建筑挡住他人视线是一种妨害，如果真是妨碍，就不存在大城镇了；从而我就得对该城镇的所有建筑下禁令"②。科斯通过引用美国法官马斯曼诺的话主张"没有烟尘，匹兹堡仍将是一个小乡村"③。在《社会成本问题》的最后（即政策建议部分），科斯再次强调，"只有得大于失的行为才是人们所追求的"，"在设计和选择社会安排时，我们应当考虑总的效果"④。

　　可以很明确地说，不同于庇古认为外部性意味着资源配置扭曲的观点，科斯以效率（经济增长）的理念去看待外部性，从而认为外部性不是一个需要严肃对待的问题；因为它是经济增长所必须要付出或承受的代价。庇古认为需要通过政府干预去扭曲资源配置，但科斯却认为这种资源配置状态是合意的。

---

　　① 〔美〕科斯：《社会成本问题》，见《论生产的制度结构》，盛洪、陈郁等译，上海三联书店 1994 年版，第 142 页。

　　② 〔美〕科斯：《社会成本问题》，见《论生产的制度结构》，盛洪、陈郁等译，上海三联书店 1994 年版，第 142 页。

　　③ 〔美〕科斯：《社会成本问题》，见《论生产的制度结构》，盛洪、陈郁等译，上海三联书店 1994 年版，第 193 页。

　　④ 〔美〕科斯：《社会成本问题》，见《论生产的制度结构》，盛洪、陈郁等译，上海三联书店 1994 年版，第 191 页。

1.1.2 科斯理念的批判与马克思的基本理念

资本主义私有制的特征，使得它们会为了效率（其实是资本家的利润）而牺牲环境、健康，并且不顾工人的贫困和健康问题等社会代价。作为资产阶级经济学家的科斯，也自然不会在意环境污染问题，因为污染的同时也实现了经济的增长。这种观点，与马克思、恩格斯等经典作家的观点，是截然相反的。在马克思看来，"在资产阶级看来，世界上没有一样东西不是为了金钱而存在的，连他们本身也不例外，因为他们活着就是为了赚钱，除了快快发财，他们不知道还有别的幸福，除了金钱的损失，也不知道还有别的痛苦"①。出于效率（其实是资本家的利润）最大化或经济增长的目的，科斯自然会主张，为了经济增长牺牲环境、健康和不顾贫困，尽管后者给工人（人民）以痛苦。

马克思不但批判了资本家对工人、童工和妇女的剥削，也大量揭露了恶劣的工作环境、缺乏人性的工作环境和劳动制度对工人身心健康的严重摧残。马克思曾经批判道："如果你们想知道，这种'完全限于有产阶级的财富和实力的令人陶醉的增长'的条件过去和现在怎样使工人阶级健康损坏、道德堕落和智力衰退，那就请你们看一看最近一次《公共卫生报告书》关于印刷厂和男女服装缝纫厂情况的描绘吧！请你们把这一描绘同 1863 年公布的《童工调查委员

---

① 《马克思恩格斯全集》第 2 卷，人民出版社 1957 年版，第 564 页。

会报告书》对照一下。"① 通过这个《公共卫生报告书》所揭露的事实②可以看到科斯要人们忍受恶劣生活环境的理论主张，是一种多么无情的主张。我们感到疑问的是，如果科斯相信他的理论，那么他会很享受这些工人们的生活环境。当然，对科斯来说，这是很正常的。因为恶劣的工作环境，可以降低资本家的成本，增加资本家的利润，从而有利于社会"整体利益"的最大化，"这种节约在资本手中却同时变成了对工人在劳动时的生活条件系统的掠夺，也就是对空间、空气、阳光以及对保护工人在生产过程中人身安全和健康的设备系统的掠夺，至于工人的福利设施就根本谈不上了"。对于环境恶化与增长（其实是资本家的利润）这个矛盾，资产阶级的思维与科斯一脉相承："人们为体力和智力的衰退、夭折、过度劳动的折磨而愤愤不平，资本家却回答说：既然这种痛苦会增加我们的快乐（利润），我们又何必为此苦恼呢？"但马克思认为，极端不公平的资本主义是一种历史倒退："又退回到洞穴中，不过这洞穴现在已被文明的熏人毒气污染。他不能踏踏实实地住在这洞穴中，仿佛它是一个每天都可能从他身旁脱离的异己力量。如果他交不起房租，他就每天都可能被赶出洞穴。工人必须为这停尸房支付租金。明亮的居室，这个曾被埃斯库罗斯笔下的普罗米修斯称为使野蛮人变成人的伟大天赐之一，现在对工人来说已不再存在了。光、空气等，甚至动物的最简单的爱清洁习性，都不再是人的需要了。肮脏，人的这种堕落、腐化，文明的阴沟（就这个词的本义而言），成了工人的生

---

① 《马克思恩格斯选集》第 3 卷，人民出版社 2012 年版，第 4 页。

② "……最后我们来到了四方大院，在那里我们看到一个漂亮的、健康的、看样子来自爱尔兰的女子，她正在忙着洗东西。她和她的丈夫——一所私宅的更夫——已经在这个院子里住了 6 年，并且家里人口很多……他们刚离开的那所房屋，水已经没了屋顶，窗子破了，家具成了一堆废物。据此位居民讲，他每两个月要用石灰把墙壁粉刷一次，才能使这个房子免去难以忍受的臭气……在我们的记者此时才走得进去的内院里，他看见有三所房子，后墙紧靠着刚才描过的那些房屋，其中两所还有人住。那里臭气熏天，甚至最健康的人待几分钟也一定会呕吐起来……这个可憎的洞穴住着一个七口之家，他们在星期四晚上（河水开始泛滥的那一天）都在家里睡觉。更确切些说，如果那个妇人所立刻改口说的，他们并没有睡觉，因为她和她的丈夫大半夜都被臭气熏得不断呕吐。"参见《马克思恩格斯选集》第 3 卷，人民出版社 2012 年版，第 4 页。

活要素。"① 这些论述充分体现了马克思以公平性为核心的价值观：不能以效率的名义而剥削工人创造的剩余价值并使工人陷入贫困，也不能以恶劣的工作与生活环境去损害工人的身心健康；以牺牲环境和社会公平而实现的增长，在马克思那里是被视为非法的。

1.2 外部性的责任界定：科斯的经济分析 （边际方法）及其错误

1.2.1 研究主题即"市场交易"方法提出的草率性

科斯已经在《社会成本问题》的引言部分，开门见山、开宗明义地提出了他看待外部性的理念。那么，要如何解决外部性问题呢？理念决定了解决方法。在研究背景部分对"市场交易"的引出，科斯的论证是非常草率且极不严谨的。具体来说，科斯通过排除法提出《社会成本问题》的研究主题即外部性的市场交易。第一步是对长期契约的排除。在威廉姆森等看来，长期契约被认为是不同于市场与企业（科层）的组织形式。科斯认为，"在很难缔结契约和试图了解当事人同意做什么和不同意做什么（例如当事人可能或不会引起的气味和噪音的种类）"，"必然要花费很多精力"。即市场的交易成本比较高时，便可以采用长期契约的方式来处理外部性问题。在没有充分论证长期契约缺陷的情况下，科斯匆忙转入第二步，即对企业的排除。当市场交易成本较高时，可以通过企业来解决外部性问题。但是，"当许多不同活动集中在单个组织的控制之下时"，管理成本会非常高。接着，科斯转入第三个选项（即政府的直接管制）。拥有暴力潜能的政府可以通过依靠警察和其他法律机关，能够以低于私人组织的成本去解决外部性问题。但是，"通常的情形是假定来自管制的带有有害效应的行为的收益将少于政府管制所包含的

---

① 《马克思恩格斯全集》第42卷，人民出版社1979年版，第133-134页。

成本"。在逐一否定长期契约、企业、政府（管制）之后，科斯终于引出了"市场交易"这种方法。科斯用极其草率的文字描述，相继否定了长期契约、企业和政府之后，便直奔其目标即市场交易这个所谓的新方法。这种不严谨的论证和草率的态度，表明科斯对市场交易是多么的热爱。这种热爱不是出于科学认知和理性认知，而是出于一种偏执。在论证之前，结论已经预定。他所使用的论证方法，必然要推导出他所预设的结论。如果论证方法存在严重问题，那么将直接导致核心结论的错误性。科斯的推理方法，是科学的分析抑或有意的欺骗呢？

1.2.2　外部性责任界定的经济分析：科斯的边际方法

《社会成本问题》一文对"养牛者与农户"这一案例的分析结论令人难以理解。无论农夫与养牛者之间是否存在分歧（即无论是否存在交易成本），无论谁对外部性承担责任，结局都一样：养牛者不但依然待在原地，而且可以保持最佳的生产规模（牛群数量）；无论如何，可怜的农夫都要放弃耕种。这个研究结论也是诡异的。它是基于理论推导而得到的科学结论，抑或科斯的研究方法所预设的偏见？答案显然是后者。在有关外部性责任界定的"财产原则""责任原则""效率原则"的三个选项中，科斯先验地选择了"效率原则"，并一开始就认定需要由受害者承担责任。科斯的冷漠、无情和偏私，内生于他的价值观。西方主流学者不愿意承认这一点，科斯本人更是要避免给人留下这种印象。要批评科斯，既不能出于对受害者农夫在道义上的同情，也不能出于意识形态的观念之争。因为，事物就在那里，学者可根据其价值观进行评价。如果是哲学，思想哪怕是荒唐的，作者也有表达的自由。但是，科斯是经济学家。他不但以经济学方法分析问题，而且以经济学家的身份获得诺贝尔奖。作为科学家，理论的证明必须要符合学术规范，必须保障假设前提的合适和论证方法的科学性。如此一来，科斯的问题就出现了。原本属于价值观层面的偏见或执念，科斯偏偏要披上经济科学的外衣。

这必然导致无法避免的错误或逻辑的漏洞。准确地说，他的理论前提基于偏见，他的方法预设了他要表达的观点。

科斯在论证之前，已经预设了立场和结论。但是，为避免给人以为施害者辩护而缺乏同情心的印象，更是为了观点的"科学性"和政策建议的"中立性"，科斯自然明白哈耶克式科学实证主义的奥秘：需要通过科学的严密的逻辑，去论证或推演其观点，即市场交易是最佳的方法。作为一名经济学家，他自然想到的是主流经济学（即新古典经济学）中最常见的方法，即马歇尔式的边际方法和成本收益（均衡）方法。经济分析的目的是得到如下的"科学"结论：无论如何界定外部性的责任归属，结果都一样，即受害者退出而施害者留下①。以"走失的牛破坏临近土地的谷物生长"为重点案例，科斯论证了他的观点。案例中牛群数量与谷物损失之间的关系见表1②。

表1　牛群数量与谷物损失之间的关系

牛群数量（头）	谷物年损失（吨）	每增加一头牛所造成的谷物损失（美元）
1	1	1
2	3	2
3	6	3
4	10	4

根据表1可知，当养牛者对损失负责任时，他将保留4头牛的数量（赔偿额10美元大于修建栅栏的9美元成本）。修建栅栏使养牛者成本增加③，但农夫的纯收益并未增加。科斯认为，双方之间还可

---

① 本文把产生外部性的主体称为施害者，受外部性影响的主体称为受害者。

② 〔美〕科斯：《社会成本问题》，见《论生产的制度结构》，盛洪、陈郁等译，上海三联书店1994年版，第143页。

③ 这个栅栏，与其说是一种用木头、砖头水泥或钢筋铁块所制造的物理隔离，不如说是科斯用他的偏见和歧视所制造的社会隔离。这个栅栏，构成了产权行使的成本。它是养牛者可以承担的（在他承担责任的情况下），却是农夫所无法支付的成本（否则意味着破产）。关于这一点，我们将在分析科斯产权理论核心假设的错误时，更详细地加以阐述。

以用更好的解决办法。假设所有谷物纯收益（机会成本）为 2 美元（12 美元的总价值减去 10 美元的耕种成本），如赔偿损失大于或等于 2 美元，那么农夫可放弃耕种。按此原理，如果养牛者愿意为第 2 头牛给农夫带来的损失而赔偿 3 美元，那么农户便乐意接受通过协议而赔偿（因为得到的 3 美元赔偿多于 2 美元纯收益）。这个结果可以实现"产值的最大化"。双方自愿交易的结果是，"养牛者仍将留在原地，肉类生产的边际成本依然如故。因此，对资源配置没有任何长期影响"[①]。

当养牛者不负责任时，结局是相同的。农夫将会按照与谷物的机会成本相同的数额赔偿给养牛者，以使其减少牛的数量。比如，如果牛的数量为 3 头，此时农夫愿意支付 3 美元给养牛者，使其把牛的数量减少到 2 头，以此类推。农夫支付的赔偿款是养牛者的机会成本。以科斯所言，"养牛者在增加第 3 头牛是否付出 3 美元（如果养牛人对谷物损失负责），或者他不增加第 3 头牛时是否收到 3 美元（如果养牛人对农夫谷物损失不负责任），这些都不会影响最后的结果。在两种情况下，3 美元都是增加 1 头牛的成本的一部分并和其他成本一起被考虑。假如通过牛群规模从 2 头增加到 3 头，养牛业产值的增加大于不得不支付的附加成本（包括支付 3 美元的谷物损失费），那么牛群规模将扩大……"科斯由此认为："无论养牛者是否对相应的谷物损失负责，牛群规模都将一样"，而"农夫最终将放弃的土地上的耕种行为"。[②]

综合两种情形后，科斯总结道，"有必要知道损害方是否对引起的损失负责，因为没有这种权利的初始界定，就不存在转让和重新组合的市场交易。但是，如果定价制度的运行毫无成本，最终的结果（产值最大化）是不受法律状况影响的"；"在市场交易的成本为

① 〔美〕科斯：《社会成本问题》，见《论生产的制度结构》，盛洪、陈郁等译，上海三联书店 1994 版年，第 147 页。

② 〔美〕科斯：《社会成本问题》，见《论生产的制度结构》，盛洪、陈郁等译，上海三联书店 1994 年版，第 148－149 页。

零时，法院有关损害责任的判决对资源的配置毫无影响”①。

1.2.3　科斯边际方法的错误

尽管科斯通过经济学常用的边际分析和成本与收益比较的分析来论证其观点，但是，读者难免不会纳闷：为什么“受伤”的总是农夫？无论是否有纠纷，无论赔偿责任属于哪一方，为什么农夫都得退出而养牛者不但待在原地而且还能保持他想要的生产规模？读者也会追问：为什么不是养牛者退出而农夫待在原地呢？② 如果没有任何偏见，那么，通过边际分析也能够得到相反的结论，即无论责任界定给谁，农夫都将留在原地，保留他所想要的生产规模，而养牛者都要退出市场。如果科斯的基本假设是科学的，而没有有意地论证错误，那么不能否认后一个结论的可能性。但是，科斯却论证了前一种结果，而否认了后一种结果。这对于科学研究来说，是不可思议的。这是否表明，科斯的边际方法只不过是借助科学的外衣去论证其预设的结果而已？

难道是科斯欺骗了读者？这似乎难以置信，因为这不符合林肯的名言“不能在所有时间欺骗所有人”。从科斯在 1959 年提出他的基本观点和 1962 年通过《社会成本问题》一文而加以论证算起，截至今日，已经超过了半个世纪之久。在 60 多年的时间里，科斯定理早已经在学术界广为流传，《社会成本问题》被翻译成各种文字在各国出版发行。有如此之多的人在如此之长的时间里研究、传播《社会成本问题》，有如此之多的学者批判科斯定理，难道还有什么重要错误没有被发现？

尽管难以置信，但这却是确凿无疑的事实。

科斯在经济分析之前，就已经在引言部分亮出了他的观点（其

---

① 〔美〕科斯：《社会成本问题》，见《论生产的制度结构》，盛洪、陈郁等译，上海三联书店 1994 年版，第 149、151 页。

② 如在“斯特奇斯诉布里奇曼案”中，产生噪音的糖果厂留下来而受到影响的邻居则放弃行医或搬走。

实是偏见）。方法是为观点服务的。无论这些方法看起来多么"科学"，观点的偏颇必然使其存在致命的逻辑漏洞。事实也是如此。我们发现，为证明"狼吃羊"之正当，科斯使用了不那么高明却又长期以来被忽视的障眼法。经济分析的欺骗性早已潜藏于表 1 的信息结构和具体内容。

科斯认为是"问题的相互性"①，但漏损的信息恰恰暴露了他的偏见。表 1 列出了养牛者每增加一头牛给农夫带来的谷物损失，也假设了谷物的价格。这便于读者计算每增加一头牛所减少的谷物及其给农夫带来的经济损失（边际收益）。然而，科斯却并没有给出每减少一单位（吨）的谷物将会使牛的数量减少多少，也没有给出牛的价格。这使得读者不可能计算出养牛者的损失。任何一个有经济学常识的学者都知道：要分别计算两个当事人在两种状况下的损益。道理是不言自明的，因为责任划分的不同对产量进而对收入的损失（边际收益）带来不同影响。科斯为什么不这样做呢？在论证之前，他心里已经预设结论：养牛者不会遭受损失或不在意这种损失（赔偿）。故而，科斯却忽略了原本不可或缺的关键信息。沿此疑点深入，还可发现科斯边际分析中的重大甚至是致命的逻辑错误。

错误 1：农夫承担责任时，养牛者不会接受赔偿标准。为了解科斯的第一个错误，我们重述如下文字："养牛者在增加第 3 头牛时是否付出 3 美元（如果养牛人对谷物损失负责），或者他不增加第 3 头牛时是否会收到 3 美元（如果养牛人对农夫谷物损失不负责任），这些都不会影响最后的结果。在这种情况下，3 美元都是增加第 3 头牛的成本的一部分。"② 这几句话是错误的。正常的情况是，如果养牛者承担责任，那么他得按照损失的谷物价值这个标准对农夫进行赔偿。这个道理，不言自明。然而，当农夫承担责任时，科斯偷偷摸摸改变了游戏规则：农夫不是按照减少 1 头牛的价值这个标准而是按

① 〔美〕科斯：《社会成本问题》，见《论生产的制度结构》，盛洪、陈郁等译，上海三联书店 1994 年版，第 142 页。

② 〔美〕科斯：《社会成本问题》，见《论生产的制度结构》，盛洪、陈郁等译，上海三联书店 1994 年版，第 148 页。

照谷物的价值对养牛者进行赔偿①。基本的事实是，1 头牛的价值显然要远远大于 3 吨谷物的价值（3 美元），因为损失的那些谷物显然不可能养活 1 头牛。那么试问：如果农夫不是按照 1 头牛的价值而是按照损失 3 吨谷物的价值进行赔偿，养牛者会接受吗？这显然是不可能的。当然，养牛者的损失也未必是 1 头牛的损失，他依然可以养第 3 头牛。但为了防止践踏农田，必须采取相应的预防措施：雇佣工人看管或修建牛圈等。无论如何，农户的赔偿标准也应该是养牛者为此而付出的成本或遭受的损失。由于科斯的有意忽略，以农户的承受能力（或愿意付出的）而不是养牛者实际遭受（或愿意接受）的损失作为赔偿标准。该谈判方案是养牛者不可接受的。

既然养牛者不可能接受农户的赔偿，"边际成本不变"推论也是错误的。养牛者负责任时，第 3 头牛的成本是 3 美元；不负责任时，第 3 头牛的成本大于 3 美元。因为减少 1 头牛给农户带来的损失是 3 美元，但养牛者减少 1 头牛的损失会大于 3 美元。1 吨谷物的价值显然不等于 1 头牛的价值。如果农户只赔偿 3 美元，养牛者根本不会减少牛的数量。故而，牛的数量依然是 3 头。如承担责任，则养牛者的牛的数量将会减少到 2 头。由此可知，养牛者是否承担责任既影响边际成本，也影响最佳的牛群数量。当"边际成本不变"这一张纸牌倒下时，"资源配置效率不变"、"产值最大化不变"和"长期经济增长不变"等多米诺骨牌，也相继倒塌了。

错误 2：养牛者承担责任时，农户也不会接受赔偿标准。养牛者承担责任时，科斯设计了两个赔偿标准：因为牛群增加而给农夫带来的边际损失和农夫生产谷物的净收益。具体选择哪个标准，则以养牛者的利益最大化为原则。如果按照边际原则，当牛群数量从 2 增加到 4 时，养牛者应该分别赔偿 2～4 美元。但是，按照科斯的原则，当牛群数量超过 2 时，农夫就应该退出，而牛群数量即使增加到 3 或 4，但赔偿的数额只需要 2 美元即可。原因很简单：即使牛群损

① 在赔偿标准这一问题上，科斯对农夫与养牛者采取了双重标准。其目的，无非是使养牛者留下来。

坏了所有谷物，而谷物带给农夫的净收益只有 2 美元。科斯的赔偿标准是否科学且合理呢？这是荒唐的。因为外部性而导致农夫的退出，那么赔偿的标准就不应是净收益，而应是所有谷物的市场价值，甚至是租金的资本化价格。

综合错误 1 和错误 2 可知：在养牛者负责任的情况下，第 3 头牛的成本是 3 美元；但在养牛者不负责任的情况下，第 3 头牛的成本不会是 3 美元，而是大于 3 美元。因为减少 1 头牛给农户带来的损失是 3 美元，但养牛者减少 1 头牛的损失会大于 3 美元。1 吨谷物的价值显然不等于 1 头牛的价值。如果农户只赔偿 3 美元，养牛者根本不会减少养牛的数量。故而，牛群数量依然是 3。在承担责任的情况下，养牛者的牛群数量将会减少到 2。由此可知，养牛者是否承担责任不但影响边际成本，而且也影响最佳的牛群数量。

价格（赔偿金额）不能为对方所接受①，这是科斯产权理论最致命的逻辑错误。逻辑论证的重大漏洞，表明了科斯基于自由交易（经济方法）原则所证明的所有推论与结论，都是错误的。

至此，我们已然明白，"科学结论"是一个精心编织的谎言。透过谎言发现，科斯把健康、环境、就业权、居住权等，视为可以交易的商品。市场交易的目的，是让受害者放弃这些权利，从而实现财产所有者的利益最大化。科斯的论证只不过为"不能因为负外部性而影响产出最大化"的偏见披上科学的外衣，并使其政策主张貌似"中立性"罢了。在马克思看来，这是一种"形而上学或法学的幻想"②。借助科学外衣和貌似中立，科斯伪装着他那形而上学或先验的观点：养牛者有权让他的牛践踏农田。出现这么一个"奇异的

---

① "根据著名的比较利益原则，在一个信息扩展的社会里，要使生产专业化的分散协调得以顺利进行，人们就必须得到有保障的可转让的私有产权，即以双方同意的价格，用较低的交易成本对生产资源和可交易产品进行转让的权利。"（Alchian, Demsetz, 1972）

② 《马克思恩格斯选集》第 2 卷，人民出版社 1995 年版，178 页。

结果"①，其实也不难理解。因为滥用财产权并无偿占用工人劳动，正是资本主义私有制的本质。

1.3 外部性的责任界定：科斯的法经济分析及其错误

科斯从总体利益最大化的角度希望受害者能够从"大局"出发而接受外部性。如果受害者不接受这种劝说而诉诸法院，科斯进而以边际方法证明：交易成本为零时（即双方能够通过谈判而达成协议），责任归属问题对结果不会有什么影响。或者说，受害者即使诉诸法庭，亦于事无补。科斯的两种经济分析方法（总体和边际），或者提出的所谓"市场交易"，其实也是他劝说受害者接受以经济手段解决纠纷的理由。正如我们将要指出的那样，科斯的方法预设了受害者承担责任的结论。这当然是一厢情愿。受害者不太可能根据科斯的标准与妨害者达成经济赔偿的协议。施害者也不会接受科斯提出的赔偿标准。不仅如此，经济分析的假设即交易成本为零，是为了交易双方可以自由谈判并达成协议而设置的。谈判的失败，既意味着交易成本为零的假设失灵，也意味着用市场交易手段去解决外部性这一方法的失败。

在经济分析部分，科斯貌似通过科学分析而得出结论，即无论责任如何界定，都是施害者留下来而受害者退出。科斯似乎是很公正的，他似乎并不在意外部性的赔偿责任界定给谁。界定给农夫或养牛者，科斯都无所谓，没有价值偏好。科斯果真没有价值偏好吗？当然不是的。科斯用"科学方法"得到的结论之诡异，已经暗示了科斯的偏见。边际方法所隐藏的逻辑缺陷和科斯采取的双重赔偿标准，都是为了得到这个诡异的结论。

---

① 马克思认为："产权在资本方面辩证地转化为对他人产品的权利，或者说转化为对他人劳动的产权，转化为不支付等价物便占有他人劳动的权利，而在劳动能力方面则辩证地转化为必须把它本身的劳动或把它本身的产品看作他人财产的义务。"参见 *Karl Marx and Frederick Engels Collected Works*, vol. 28, Moscow：Progress Publishers, 1986, p. 386。

偏见总是会暴露的。科斯可能也意识到，他所建议或偏好的经济办法（即双方就赔偿金额进行谈判）不会成功，经济分析有意隐匿的逻辑错误可能被人发现。更有可能的是，要看懂经济分析的方法、要理解他的结论，毕竟需要一些经济学知识。此外，科斯也担心读者可能不太明白他的良苦用心。因为，科斯在经济分析时，他的内心可能是矛盾的。他需要用晦涩而专业的文字表达，掩盖其偏见。但是，这也可能导致那些没有受过良好训练的读者不明白科斯的用意。基于这些考虑，科斯需要用更明白、更准确的文字表达他的观点。或者说，科斯意识到，他所建议的自由交易的市场方法会失灵，故而他需要诉诸强制性的方法（即法律方法）来表明他的看法和主张。

1.3.1　受害者应该承担责任的三个法律准则

不合理的赔偿标准意味着自由交易失败和谈判破裂。缺乏"大局观"的受害者难免会诉诸法庭。可能意识到这一点，科斯进一步借助法经济分析而告诉读者：即使受害者诉诸法庭也无济于事。相对于经济分析的晦涩，法经济分析从三个方面明示他为妨害者辩护的立场。

第一个是责任界定的经济准则。当科斯基于效率标准而看待外部性时，已经暗示了因纠纷而诉诸法庭时，法官该采取功利主义的经济准则即"两害相权取其轻"或产出最大化原则，让受害者承担责任。司法判断的准则是，将外部性给受害方带来的产值损失与为避免伤害而给生产者带来的产值损失进行比较："事情的效用决定了争端的解决"；"就像法院事实上处理的情况一样，妨害法是灵活的。它允许对行为的功利与行为的危害进行比较"；"必须要决定的是，防止妨害的收益是否大于作为停止产生该损害行为的结果而在其他方面遭受的损失"；"只有得大于失的行为才是人们所追求的"；"必须决定的真正问题是：是允许甲损害乙，还是允许乙损害甲？关键在于避免较严重的损失"。①在生产领域，通过"走失的牛损坏临近土地的谷物生长"案例，科斯要求法官在"要肉类，还是要谷物"之间进行选择时，按照产值最大的标准。如果因为外部性而减少的谷物的价值低于（因产生外部性而增加）牛的价值，那么社会资源全部用于养牛比养一部分牛和一部分谷物，所产出的水平要高。外部性的赔偿责任应该归于农夫，或者养牛者有权利让牛群破坏谷物。在"安德烈诉塞尔弗里奇有限公司"一案中关于公司拆毁建筑物产生的噪音和灰尘影响了附近一个旅店生意的问题，科斯支持法官威尔弗雷德格林爵士："就防止妨害而言，要求人们工作进度如此之慢，或代价如此之高，而且其成本和带来的麻烦令人望而却步，这是不合理的。"②生活领域的外部性责任归属问题，也要按照该原则。在"亚当斯诉厄赛尔"案例中，如果煎鱼店的邻居是富人，那么煎鱼店得搬走；如果煎鱼店的邻居是穷人，那么煎鱼店将留下。由此原则可推知，为减少、控制或预防外部性，应由付出代价较低的一方承担责任。比如，由于居民迁移的成本要小于机场为降低噪音而进行的投资，机场便不应该承担责任；因农夫放弃耕种的损失小于铁路公司为减少火车与铁轨摩擦产生的火星而进行的投资，故铁路公司便不必承担赔偿责任；等等。

第二个是责任界定的法律准则。经济原则貌似中立，实则偏向施害者的利益。因为相对受害者，施害者治理外部性的成本或减少外部性而导致的价值损失往往比较大。为了把赔偿责任主体裁判给受害者，科斯以妨害者律师的身份提出了两个法律依据。其一，为了保护资本家的利益，在立法和司法领域都要允许"合法的伤害"："立法的效果是保护工商业不受那些因受损害而提出了各种要求的人的影响。因此，存在许多合法的伤害"；"当法律规定增加妨害事项

---

① 〔美〕科斯：《社会成本问题》，见《论生产的制度结构》，盛洪、陈郁等译，上海三联书店1994年版，第162、184、172、191、142页。

② 〔美〕科斯：《社会成本问题》，见《论生产的制度结构》，盛洪、陈郁等译，上海三联书店1994年版，第167页。

的清单时，诉讼也使那些在普通法上构成的妨害的事情合法化了"。①既然伤害是合法的，那么科斯自然也支持如下英美两国的法官："霍尔斯伯里（Halsbury）主张对施加妨害者免于承担责任的自由"；"在美国，法律的规定与英国基本相仿，除了立法机关授权在普通法上什么会被定为妨害外，至少没有做出向受害者支付赔偿费的规定"。②

其二，"受害者有错"或有责任采取预防措施。科斯一方面为施害者辩护，另一方面要让受害者背上法律责任。为此，科斯寻觅到了英国司法界盛行的一个原则即"受害者有错"。在"布赖恩特诉勒菲弗案"中，如布拉姆韦尔法官所认为的那样，"是原告引起了烟尘，影响了自己的舒适"，"是他自己引起了烟尘，而对此他没有采取任何有效的防范措施"。当兔子跑出去吃了邻居家谷物时，"谷物被吃掉者也一样有责任"。③ 既然错误在于自身，那么为了避免不利影响，受害者应采取预防措施。通过借用法官判词或学者观点，科斯表达了这一点。在"库克诉福布斯案"中，科斯认为，"损害属于意外或偶发的，若采取谨慎的防范措施，就毫无预期的风险"；"在此情形下，人们就不会留在该地区或采取其他预防措施来防止损害发生。这样做的成本将少于生产者减少损害所花费的成本"。④

第三个是法律授权。施害者无须承担责任或有权施加妨害的第三个理由是，其经济活动得到立法机构（或政府）授权。"对于在贯彻法律授权中不可避免的妨害或损害，在普通法上不构成诉讼。不论引起损害的行为是为公众目的还是为私人利益，情况都是如此"；"授权行为有免于承担责任的自由"。⑤ 比如，因为修建机场得到了亚

---

① 〔美〕科斯：《社会成本问题》，见《论生产的制度结构》，盛洪、陈郁等译，上海三联书店1994年版，第167、172页。

② 〔美〕科斯：《社会成本问题》，见《论生产的制度结构》，盛洪、陈郁等译，上海三联书店1994年版，第168页。

③ 〔美〕科斯：《社会成本问题》，见《论生产的制度结构》，盛洪、陈郁等译，上海三联书店1994年版，第154、183页。

④ 〔美〕科斯：《社会成本问题》，见《论生产的制度结构》，盛洪、陈郁等译，上海三联书店1994年版，第152、188页。

⑤ 〔美〕科斯：《社会成本问题》，见《论生产的制度结构》，盛洪、陈郁等译，上海三联书店1994年版，第168页。

特兰大政府的"公共授权"，所以克西便不能认为因为机场建成后的"烟尘、噪音和低空飞行等"对其造成了损害。① 在遭遇如下情形时亦如此："当他们在晚上因（公共授权或许是公共经营）喷气式飞机的轰鸣而无法入睡时，当他们在白天因火车经过时的噪音及振动而无法思考（或休息）时，当因地方污水处理站的气味呛得他们呼吸困难时，以及因修路造成的汽车堵塞（毫无疑问是为公众设计的）使他们神经紧张、精神平衡受到干扰时"；"适当的使用和经营该车场地也不是妨害，只不过是所授特许权的必然伴随物"。②

1.3.2 法经济分析的错误

经济分析时，科斯对于养牛者和农夫的态度，貌似是中立的。他似乎也不在意法律把外部性的责任界定给谁，因为无论界定给谁，结果都一样。既然如此，科斯在法律分析部分，也应该持中立态度，并再次证明，产权界定其实并不重要。然而，科斯并不是这样做的。在法律分析部分，科斯明白无误地告诉读者：如果用经济方法（或者交易成本不为零时）不能使农夫退出，让养牛者留下来，那么得用法律的强制性手段。此时，科斯已经非常明确地告示读者：外部性的责任，要让受害者来承担；或者要使施害者拥有排污的权利。产权应该界定给谁，科斯已经非常直白地告诉了读者。

科斯在经济分析部分用"科学"包装他对资产阶级的偏袒。法经济分析部分，科斯直接展示了他自己的私心③。"阶级偏见和先入之见"④的法律分析，使得科斯理论的错误也原形毕露了。"'思想'

---

① 〔美〕科斯：《社会成本问题》，见《论生产的制度结构》，盛洪、陈郁等译，上海三联书店1994年版，第168－169页。

② 〔美〕科斯：《社会成本问题》，见《论生产的制度结构》，盛洪、陈郁等译，上海三联书店1994年版，第171页。

③ "法律、道德、宗教在他们（无产者，引者注）看来全都是资产阶级偏见，隐藏在这些偏见后面的全都是资产阶级利益"。参见《马克思恩格斯文集》第2卷，人民出版社2009年版，第42页。

④ 《马克思恩格斯文集》第1卷，人民出版社2009年版，第447页。

一旦离开利益，就一定会使自己出丑"①，三个司法原则特别是"受害者有错"原则冷血而无情。这不奇怪，因为资本主义法律原本维护占统治者地位的资产阶级的利益，"财产关系……只是生产关系的法律用语"②。这不奇怪，因为这是精英主义代言人的资产阶级学者的一贯伎俩。科斯所提出的法律原则，都是赤裸裸地蔑视弱者而为强者辩护，为了强者的利益最大化而置弱者的利益于不顾的。这与悲天悯人的马克思，形成了鲜明对比。以河水污染对于鱼的伤害为例，马克思对这种思想进行了尖锐批判："河鱼的'本质'是河水。但是，一旦这条河归工业支配，一旦它被染料和其他废料污染，河里有轮船行驶，一旦河水被引入只要简单地把水排出去就能使鱼失去生存环境的水渠，这条河的水就不再是鱼的'本质'，对鱼来说它将不再是适合生存的环境了。把所有这类矛盾宣布为不可避免的反常现象，实质上，同圣麦克斯·施蒂纳对不满者的安抚之词没有区别。施蒂纳说，这种矛盾是他们自己的矛盾，这种恶劣环境是他们自己的恶劣环境，而且他们可以或者安于这种环境，或者忍住自己的不满，或者以幻想的方式去反抗这种环境。同样，这同圣布鲁诺的责难也没有区别，布鲁诺说，这些不幸情况的发生是由于那些当事人陷入'实体'这堆粪便之中，他们没有达到'绝对自我意识'，也没有认清这些恶劣关系产生于自己精神的精神。"③

1.4　科斯产权理论的核心假设及其错误

1.4.1　交易成本为零的假设及其错误

　　沿着科斯经济与法经济分析这条错误的道路继续前进，便自然

---

① 《马克思恩格斯全集》第 2 卷，人民出版社 2005 年版，第 103 页。
② 《马克思恩格斯全集》第 13 卷，人民出版社 1962 年版，第 8–9 页。
③ 《马克思恩格斯选集》第 1 卷，人民出版社 2012 年版，第 178 页。

而然会发现另外一个重要错误，即交易成本为零这一核心假设的错误。交易成本是科斯理论的核心。这一假设的重要性，用科斯的话来说就是："阐明这一结果取决于交易费用为零的假设。"① 在《社会成本问题》发表多年之后，科斯再次很明确地指出："在《企业的性质》一文中，我指出当不存在交易成本时，企业的存在就失去了经济基础。在《社会成本问题》一文中，我表明当不存在交易成本时，法律为何物（即可交易权利的初始界定如何）这个问题并不重要"（Coase，1988）。然而，从学术规范看，"交易成本"这个核心假设，至少存在三个方面的错误。

第一个错误：无论是否放松假设，研究结论都一样。科学研究需要假设。假设是否符合现实并不重要。假设是对复杂现实的抽象，以便发现本质性和规律性的一般结论。如果放松假设，便会得到与一般结论不同的观点，从而使理论更加贴近复杂的现实。但是，科斯关于交易成本为零的核心观点，却违背了这一规范。根据常识可知，如果（经济分析时）放松交易成本为零假设，那么理应在法经济分析部分得到不同的结论，即交易成本的存在，使产权界定变得很重要。这个原本应该存在的结论，只是说明产权界定（对经济增长来说）很重要，而并没有说把产权界定给哪一个主体。然而，法经济分析和经济分析的结论完全相同（即养牛者留下来）。故而，交易成本为零的这个假设，并不是为了简化分析而必须进行的抽象，而是为了论证预设的观点而提出的幌子：通过双方的市场交易（即经济赔偿）而使受害者退出。经济方法失败时（即交易成本不为零时），科斯便诉诸法律手段（即所谓的法经济分析）来实现这个目的。故而，经济分析与法经济分析，与其说是分析工具，不如说是科斯为妨害者辩护、使受害者担责的两个手法：经济的欺骗（诱惑）和法律的强迫。

第二个错误：违背假设有关的学术规范。对于一个正常的假设

---

① 〔美〕科斯：《关于"社会成本问题"的注释》，见盛洪等《现代制度经济学》，中国发展出版社 2009 年版，第 40 页。

来说，其语句结构通常是：给定一个假设前提 C，A 与 B 之间存在某种逻辑关系（通常是因果关系）。如果放宽假设，只是使 A 与 B 的关系更贴近现实，但并不把假设结构的核心即 A 与 B 的逻辑关系（因果关系），转变为 C 与 A 的逻辑关系（因果关系）。然而，在这一点上，科斯又犯错了（而且犯了双重错误）——放松假设即交易成本不为零时，得到的结论也应该是：交易成本不为零时，产权界定很重要，但产权结构给谁并不包括在内。

第三个错误：假设隐含了结论。抛开第二个错误不论，科斯关于 C 与 A 的逻辑关系的论证，也是不符合学术规范的。科斯的推论是，应该基于交易成本最小化的角度，去界定产权或外部性的责任主体。显然，这个推论（从交易成本去界定主体）也不符合基本的学术规范。因为，假设只是推出结论的一个前提，但不能隐含结论本身。进一步看，即使不考虑这个逻辑错误，科斯也应该得到中立的科学观点，而不是偏见。然而，科斯认为，从交易成本最小化的考虑，要使受害者承担责任。通过产生火星的铁路公司与受害者之间的责任归属这个例子，科斯提出："在交易支出过多的条件下，是否让铁路公司对火灾负责。"[1]或者说，如果存在交易成本，应该把外部性的赔偿责任界定给受害者，而把产生外部性的权利界定给排放污染的主体。科斯给出的理由是，如果让施害者承担责任，那么交易成本会比较多。故而，为了减少交易成本，应该让受害者承担责任，并赋予排污者以生产外部性的权利。"在交易支出过多的条件下，是否让铁路公司对火灾负责"[2]？为什么由铁路公司承担责任时，交易成本就比较大，而由受害者承担赔偿责任时，交易成本比较少呢？对这个问题的回答，科斯的解释是，铁路公司与众多受害者进行讨价还价，会产生大量的交易成本。反之，如果由铁路附近众多的受害者承担责任，那么铁路公司便不需要承担这笔巨大的交易费

---

① 〔美〕科斯：《社会成本问题》，见《论生产的制度结构》，盛洪、陈郁等译，上海三联书店 1994 年版，第 177 页。

② 〔美〕科斯：《社会成本问题》，见《论生产的制度结构》，盛洪、陈郁等译，上海三联书店 1994 年版，第 177 页。

用了。如果铁路公司承担责任，那么会因为交易成本过大，而影响铁路公司的最大产出，进而影响社会的整体福利。于是乎，科斯便认为，不应该由铁路公司承担责任。以交易成本过大而影响社会总产出为借口，科斯主张不应该由铁路公司承担赔偿责任。交易成本为零原本是一个假设，是一个为推导出结论而假设的一个简单情况。但在科斯这里，假设本身却隐含了结论。这违背了基本的学术规范。

1.4.2　隐含假设及其错误：完全竞争

　　库特总结了科斯定理的三个假设。除了交易成本之外，其他两个是隐含的。两个隐含的假设当中，完全竞争是斯蒂格勒所提炼的，自由交易则是库特本人所发现的。这两个所谓的假设——完全竞争和自由交易——其实是市场经济的一般原则，也是契约自由的意谓。这两个假设，也是新古典经济学所隐含的。但是，这两个用于商品（或要素）市场的假设，如果被照搬用于外部性的市场交易，则是不妥的。甚至可以说，这两个假设的错误，与交易成本为零的假设错误，是同样严重的。因为，在《社会成本问题》一文中所隐含的假设，不是完全竞争和自由交易，而是相反，即垄断和强制。

　　前述表明，科斯经济分析的结论是诡异的。因为凭借常识和直觉，都不会得到如下结论：无论责任如何界定，受伤的总是农夫，受益的总是养牛者。这些结论，都是预设的，而不是经过科学证明的。养牛者留下来而农夫退出这个结论，是科斯精心设计的一个谎言。经济分析的逻辑错误，笔者已经揭露了。科斯之所以得到这些诡异的结论，其中一个原因已在前文表明，即科斯在表1中之所以没有列出每减少一头牛而给养牛者带来的损失，是因为他认定农夫缺乏赔偿养牛者损失的能力，故而只能退出市场。另一个原因是经济分析隐含的假设。《社会成本问题》一文的主要结论，建立在养牛者垄断利润这一隐含的假设之上。因为存在垄断利润，所以养牛者即使承担赔偿责任，也依然有利可图；因为农夫是完全竞争者并处于均衡状态，如果他承担赔偿责任，那么会导致亏损并宣告破产。因为存在垄断利润，所以即使养牛者承担责任，他也有经济能力去采取预防措施，保持他原来的生产规模而不会影响科斯所谓的产出最大化。比如，当养牛者承担责任时，他可以承担修建栅栏所需要的 9 美元的保护成本；或者可以支付 2 美元（所有稻谷的纯收益），因为多养 1 头牛而给农夫造成的谷物损失。然而，当由农夫承担责任时，处于完全竞争主体下的他既没有经济能力去赔偿养牛者少养 1 头牛的损失，也无法承担修建栅栏的 9 美元成本。他唯一的选择是退出。这不是自由谈判和交易的结果，而是垄断利润的养牛者对农夫的经济强制。

一个主体存在垄断力量（施害者），另一个主体处于完全竞争（受害者）状态。这就会推导出科斯想要的结论。如果情形相反，即农夫具有市场力量而养牛者处于完全竞争，那么双方交易的结果便截然相反：农夫留下来而养牛者退出。至此，我们应该基本上明白科斯所谓的科学结论隐藏于他的假设，源于他先验的政策取向，即保护养牛者。如果科斯的假设是中立的，那么这个诡异的结论根本就不会出现。

1.4.3　隐含假设及其错误：自由交易

垄断利润这一隐含的假设，宣告完全竞争假设的错误。同时，它也间接宣告了自由竞争（自由交易）假设的错误。原因有两个。其中一个原因是：既然一方拥有市场力量，而另一方处于完全竞争，那么二者之间就不会有公平的博弈，自由交易也不会出现。科斯在经济分析部分所推导的所有结论，也自然是谬论了。另外一个原因是：外部性问题的出现，表明自由交易和完全竞争的原则已经被破坏，双方的谈判已经破裂。我们以"养牛者与农夫"案例来简单说明。正常情况下，当养牛者来到农场附近并要大张旗鼓地修建养牛场时，农夫应该知道这件事。农夫也应该知道，牛可能会跑出来损坏他的稻谷。按理说，养牛者应该事先把这些情况告诉给农夫。或者，农夫也应该去和养牛者沟通，以了解养牛者如何防止乱跑的牛损坏他的谷物，并阻止（如果养牛者不愿意赔偿损失）养牛者的项目实施。当然，也可能存在信息不对称或认知偏差的问题。比如，农夫事前不知道有人要来建设养牛场，渔民事先不知道有人要在河流的上游建设造纸厂。或者，农夫不知道牛会跑出来，渔民不知道造纸厂会有污水排放到河流。农夫和渔民确实有可能不知道（如果他们之前没有听说或没有遇到过类似的事情），但养牛者不可能不知道，他的牛会跑出去并损坏邻居的谷物；造纸厂的老板不可能不知道，他的工厂排放到河流的污水会毒死下游渔民的鱼。然而，农夫不愿意看到的事情终究还是发生了：养牛者不理睬农夫的诉求，或者，养牛者明明知道他的牛会跑出去损坏邻居的谷物，依然建立了养牛场。为何会发生这种情况呢？无非是养牛者不理睬农夫的诉求，或者不在意他的牛是否会伤害到邻居的利益。养牛者为何如此盛气凌人？无非是他认为农夫拿他没有办法；或者（如果农户闹事或者告到法院）大不了赔点钱，而这些钱对于财大气粗的他来说，根本不在乎。

总之，既然事前的谈判已然失败了，那么事后的自由交易又怎会发生呢？外部性的出现，就已经表明了市场的失灵。当然，不可能通过事后的交易去解决事前的失灵。其他类似的案例，也是如此。比如，造纸厂准备施工时，渔民也应该知道河水会被污染，污水会毒死他的鱼。渔民会去与造纸厂谈判。但是，造纸厂最终还是建成并施工了。此时，渔夫再去与造纸厂谈判有关赔偿的事情，通过自由缔约而解决纠纷。但这怎么可能呢？考虑到造纸厂投入的沉没成本，它在事后更不可能与渔民进行自由协商。

这足以证明，科斯的自由交易与完全竞争的假设，就是一个错误。当然，假设原本不需要正确（或者不需要符合事实），因为它只是推导结论而需要的一个前提。相应的，放宽假设，并不会影响研究结论。但是，如果假设本身隐含了结论（而不是由此推导而来的结论），那么假设就非常荒唐了，由假设得到的结论，就不是通过逻辑推演而来的，而是研究者的预设立场。既然假设不符合规范，那么研究结论也就不可能是科学的。科斯的自由交易（或交易成本为零）这个假设的荒唐之处，可以用如下比喻来表示：试管本来已经被污染，可科斯还是想让读者相信，以试管是清洁的为假设而得到的研究结论是科学的、是正确的。

2 科斯产权理论的核心观点
及其庸俗化

2.1 科斯产权理论的核心观点及其影响

2.1.1 科斯对待外部性的态度及其产权理论的核心观点

综合经济学的总体与边际分析、经济分析的前提以及研究主体的确定、法经济分析，科斯对待外部性责任界定的态度应该说是非常明确的了。首先要明确的是：他绝不是不介意外部性的赔偿责任界定给哪个主体；也就是说，他并不认为产权界定给谁不重要，他并不认为把责任界定给伤害者和施害者的结果都是一样的。这是科斯理论分析部分的结论。《社会成本问题》一文中的 18 个案例，没有一个是施害者承担责任，无一例外都是受害者要承担责任、采取预防措施或自行退出。一言以蔽之，科斯有关外部性责任界定的态度应该是很清楚的：为了经济增长（产出最大化），施害者有排污的权利，受害者应承担赔偿责任或采取预防措施。[①]

《社会成本问题》一文的研究对象是环境污染等外部性，研究主题是（理论上的）外部性的责任界定问题或（应用层面的）外部性的解决方法问题。这可能会使人误会，科斯的理论局限于外部性的狭隘领域。乍一看，读者确实会产生疑问或心存困惑：这与产权有

---

① 科斯在论文结尾部分通过举例再次主张："排放烟尘污染的责任归于居民而不是工厂。"因为如果由工厂承担责任，那么它需要承担的改造费用是 90 美元，大于由居民承担责任而发生的迁移成本，即 40 美元。

什么关系呢？科斯对待外部性的态度，蕴含着什么样的产权观点呢？关于这一点，大部分学者意识到，科斯借助于外部性这个问题，表明他关于产权的基本理论。问题是，到底是产权经济学的哪个理论问题呢？面对这个问题，学者们几乎会异口同声地回答：产权界定或者是产权界定与经济增长的关系。

果真如此吗？如果只是通过解读市面上所兜售的科斯定理，那么自然会做出上述回答。但是，如果读者了解了前述的逻辑、假设和结论的一系列错误，如果了解了科斯对待外部性的真实态度，那么很可能不会再那么自信地回答上述两个问题了。其实，读者也可以由科斯对待外部性的态度和责任界定的观点，推知科斯的产权观点。退一步讲，即使笔者没有揭露科斯的一系列错误，读者如果通读《社会成本问题》全文，也会明白科斯的产权观点，因为科斯在《社会成本问题》的结尾部分，提出了他的产权观点。所谓的外部性赔偿责任界定，只是科斯用来表达财产权观点的一个话题。科斯的观点可由论文结尾部分的表达而推知："在绝对的范围内，地方当局在实施其被授予的权力时没有任何自由处置权，绝对权可以说覆盖了其直接行动的所有必然的结果，尽管这种结果等同妨害"①；"如果将生产要素视为权利，则产生有害效果的事的权利（如排放烟尘、噪音、气味等）也是生产要素"，"行使一种权利（使用一种生产要素）的成本，正是该权利使别人蒙受的损失"②。

当科斯把产生有害效果的事的权利视为一种生产要素并把要素的使用权归于财产所有者的时候，他最隐秘的产权观点也就图穷匕见了：就像洛克等古典经济学者一样，科斯主张绝对财产所有权。不过，权能的内容并非古典经济学者笔下的占有权；绝对权利的内容不是反对政府等主体对财产的侵占和所有者在法律范围内对财产权的完全保有权，不是反对占用（所有）权利边界的侵蚀。按照米

---

① 〔美〕科斯：《社会成本问题》，见《论生产的制度结构》，盛洪、陈郁等译，上海三联书店1994年版，第172页。

② 〔美〕科斯：《社会成本问题》，见《论生产的制度结构》，盛洪、陈郁等译，上海三联书店1994年版，第191页。

塞斯的观点来说就是，财产权就像国家给所有者建设的一个堡垒，任何人都不得侵入。科斯所主张的绝对财产权，在权能结构上是指使用权，即所有者可以随心所欲地使用其财产（地方政府不能有任何的干预权），而不必顾及给他人带来的伤害。科斯支持绝对财产权的理由则是经济增长（其实是施害者的私利）。财产使用带来的负外部性比如排放污染作为使用权实施的结果，应该由受害者承担责任、忍受污染或者采取预防措施。当然，更进一步，也可以从广义上，把科斯所强调的权能理解为所有权，绝对财产权的对象是所有权而非占有权。按照科斯的话来说就是，如果把污染等伤害性的事情视为一种生产要素（而非通常意义上的物质资产或资金等要素），那么排污便是生产要素的所有者所拥有的绝对权利。行使权利（使用生产要素）的收益是生产者的产出，而其成本便是使别人遭受的损害。将狭义所有权与广义的所有权结合起来，便是科斯的最核心观点：财产所有者拥有绝对使用权，这赋予了所有者排放污染的权利，由此造成的损失（成本）也是理所当然的。这个道理，就像任何权利的行使必然带来对应的成本一样，就像任何商品的生产必须要付出一定的成本一样。从反面来说，科斯产权理论的核心观点可以这样来表达：反对财产权的社会义务。因为，绝对财产权的对立面便是财产权的社会义务。

2.1.2　科斯产权理论的学术"贡献"

科斯把上述原本是非经济品的外部性，统统视为可以用货币来定价和交易的商品；把效率置于公平之上，为了经济增长，可以牺牲环境、生态、就业、健康、生活的安宁等。这样一来，在财产权问题上，科斯回到了"私人财产神圣不可侵犯"的古典传统。在否定财产的社会义务这一问题上，科斯成为经济学说史上迄今为止最彻底的学者，也是逆历史潮流最彻底的学者。

科斯比"私人财产神圣不可侵犯"的古典传统走得更远。在资产阶级的上升时期，绝对财产权曾经有过一定的意义，因为它有助于防止和反对政府权力对私人财产的暴力侵犯，从而也有利于稳定财产所有者的预期，鼓励他们高效地使用财产并从事对财产增值有利的经济活动。但绝对财产权也是有缺陷的。它主要适合于原子式的完全竞争时代。而且，绝对财产权也并不意味着随心所欲地使用财产。随着完全竞争秩序的破坏和垄断资本主义的逐渐兴起，随着市场交易范围的扩大，财产的使用越来越涉及他人利益。环境污染，因为经济危机而引起的失业、浪费、贫困等种种经济社会问题，使得西方学者很早就开始关注财产权的社会义务问题。

可以说，财产权的含义早在 20 世纪初期便已经从"基于私人所有权的个人生存"转变到"基于社会关联性的个人生存"。财产的使用必须不能损害公共福祉和他人利益，已经成为普遍的共识。相应的，基于社会性而对财产权使用施加限制已经成为普遍的实践并被各国宪法所广泛确认。① 科斯既否定了"个人在财产权上的自由意志要与社会的普遍意志相一致，财产权天然有其社会的边界"② 的德国传统，也否定了《魏玛宪法》第 153 条第 3 款："所有权负有义务，财产权的行使要以公共福祉为目的。"③ 科斯对财产权负有社会义务的否定，使宪法传统从近代宪法转向现代宪法的过程中又倒退回近代宪法。

即便在盎格鲁－撒克逊世界，科斯不但打破了庇古的传统，而且否定了洛克有关财产权社会义务的"E&AG 条款"④，从而使得他比"私人财产神圣不可侵犯"的古典传统——占有时要给其他人留下足够多且一样好的资源⑤，走得更远。他回到了霍布斯式的"丛林

---

① 参见聂鑫《财产权宪法化与近代中国社会本位立法》，载《中国社会科学》2016 年第 6 期。

② 参见〔德〕康德《实践理性批判》，邓晓芒译，人民出版社 2003 年版，第 609 － 610 页。

③ 参见张翔《财产权的社会义务》，载《中国社会科学》2012 年第 9 期。

④ 〔美〕罗尔斯（2007）在《政治哲学史讲义》的"洛克讲座"中高度赞扬了洛克对财产权进行的某些限制："它不是一种我们可以随心所欲地做我们想做的任何事情的权利，也不是这样一种权利：我们对自己财富的使用不管给他人带来何种影响都无所谓。"

⑤ 参见〔英〕约翰·洛克《政府论（下篇）》，叶启芳、瞿菊农译，商务印书馆 1964 年版，第 21 页。

时代"，也迎合了尼采式哲学的自我表现论。类似于诡辩家安蒂芬，科斯把自利本身确立为一项与所谓的道德相对立的道德原则。就像色蕾塞·马喀斯（Thrasy machus），科斯相信正义只是"强者的利益"，"自然"并不是一种正当之治，而是一种"力量之治"。① 按照马克思的话来说就是，"自由这一人权的实际应用就是私有财产这一人权。……可见，私有财产折向人权就是任意地、和别人无关地、不受社会束缚地使用和处理自己财产的权利"②。很显然，当科斯提出财产使用的绝对财产权之际，他便肯定了所有者对财产的滥用。他把绝对财产权，从古典学者的占有权（所有权），扩展到了使用权领域。这是产权理论的历史倒退，因为科斯否认了人的社会性和产权的社会义务。当科斯以"社会成本"来命名他的论文时，与其说是为了呈上他对"社会成本"的敬意，还不如说是宣告他的蔑视。

2.1.3 科斯产权理论的政策含义

阶级性限制了科斯产权理论的学术贡献。其实践意义，则更为有限。外部性问题的出现，表明自由交易和完全竞争的原则已经被破坏，双方的谈判已经破裂。比如，在正常情况下，农夫应该知道走失的牛会损害他的谷物。可是，农夫不愿意看到的结局终究还是发生了：养牛者不理睬农夫的诉求，依然建立了养牛场。事前的谈判已然失败了，事后的自由交易原则又怎么会发生呢？外部性的出现，就已经表明了市场的失灵。当然，不可能通过事后的交易去解决事前的失灵。③ 外部性原本就是负产品，如果没有强制性规定，那

---

① 参见〔美〕萨拜因《政治学说史：城邦与世界社会》，邓正来译，上海人民出版社 2015 年版，第 72 页。

② 《马克思恩格斯全集》第 1 卷，人民出版社 1956 年版，第 438 页。

③ 此亦表明，科斯定理隐含的另一个假设即"自由交易"是错误的。该假设的荒唐之处在于，就像自然科学家经常讽刺的一样：如果试管是被污染的，那么不能说以试管是清洁的为假设而得到的研究结论是科学的。

么施害者就不会为排污而付费，交易市场也无从产生。① 排污权交易市场的前提是：所有经济主体都有排污的权利，那些排污（或排污较多的）主体，应该向那些不排污或排污较少的主体进行付费。霍奇逊对威廉姆森的批评，也适合于学者们对科斯定理实践价值的认识误区，即排污权的市场交易是科斯定理的现实运用，"契约义务完全可以由在单个当事者之间建立的安排来维护和支持，所以他在倒洗澡水时连婴儿也一起倒掉了。…… 他重蹈了产权学派的覆辙，没有认识到日常契约的基石必定是由政府批准的法律和几世纪形成的习惯和传统二者相结合的产物"②。

科斯产权理论的政策含义，更像是一种时代误置或时钟倒转。"二战"之后西方国家的滞涨，使得因环境而引起的可持续发展问题受到广泛而持续的关注。对于不能为发展经济而牺牲环境的观点，形成了广泛共识。大多数国家和国际组织为改善环境而做出了持续努力。在解决两极分化等广义外部性方面，关于信奉新自由主义的美英等国家取得的效果，正如塔布所言："新自由主义就其所许诺的目标而言，已经失败了。它并没有带来快速的经济增长，没有消除贫困，也没有使经济更稳定。……然而，新自由主义在实现资本的阶级意图方面，却是成功的。它们那些未加宣布的目标，诸如在提高跨国公司、国际金融家和地方上层部门的支配能力方面却增强了。"③ 可以说，科斯对自然秩序的偏好和对社会秩序的摒弃，使得他的财产权主张成为一场巴米塞德的宴会（a Bamecide feast），也使得罗尔斯的"社会正义"在英美国家更加遥不可及。④ 资本主义社会的不平等，也是新凯恩斯主义代表者斯蒂格利茨所不得不承认的，

---

① A. P. Behrer, L. Edward, G. Giacomo, A. M. Ponzetto, A. Shleifer（2021）的实证分析表明：强制执行减排的法规，是解决污染等外部性问题的可取办法。

② 参见霍奇逊《现代制度主义经济学宣言》，向以斌等译校，北京大学出版社 1993 年版，第 183、184 页。

③ 威廉·塔布：《新自由主义之后还是新自由主义?》，吕增奎编译，载《当代世界与社会主义》2003 年第 6 期。

④ 刘灿：《我国转型期财产权结构及其矛盾的政治经济学分析》，载《政治经济学评论》2015 年第 3 期。

"当今有三大主题响彻全球，其一，市场并没有发挥应有的作用，因为它们显然既无效率也不稳定；其二，政治体制并没有纠正市场失灵；其三，经济体制和政治体制在根本上都是不公平的"。"已为公众所知的市场经济最黑暗的一面就是大量的并且日益加剧的不平等，它使得美国的社会结构和经济的可持续性都受到了挑战……"①

2.2　科斯产权理论隐含的意识形态功能

科斯产权理论的学术贡献极其有限，它的政策含义违背历史潮流。但是，它所隐含的思想却有着极其强大的影射功能。通过有意的曲解，借助具有迷惑性的学术外衣，它具有成为误导性极强和毒害性极深的意识形态的可能。

2.2.1　科斯产权理论隐含的精英主义

科斯通过经济分析而得到的所谓科学观点，是建立在施害者拥有垄断利润，具有谈判优势和市场势力等基础之上的。因为科斯所提出的赔偿标准不可能为对方所接受，他所有的推论和结论都是荒谬的，他的法律分析更是赤裸裸地为强者辩护。为了保护强者，科斯主张要通过立法、诉讼或授权，使受害者承担责任，使强者得到保护。科斯对规则和法的理解，完全背叛了哈耶克的抽象秩序，背离了古典自由主义的基本原则。对弱者的冷漠②，意味着科斯抛弃了古典资产阶级学者（如卢梭）所引以为豪的基于正义的观念，抛弃了源自晚期斯多葛学派的难能可贵的人道精神和西塞罗（也包括塞涅卡）的平等思想。面对新自由主义带来的两极分化及英美国家普

---

① 〔美〕约瑟夫·E. 斯蒂格利茨：《不平等的代价》，张子源译，机械工业出版社2013年版，第3页。

② 科斯列举的所有案例，法官都拒绝原告（受害者）的申诉，并总是为施害者辩护，认为施害者无须承担责任（甚至是有权生产外部性）。其典型案例包括："韦伯诉伯德案""斯特奇斯诉布里奇曼案""亚当斯诉厄赛尔案"等。

遍存在的正义缺乏问题①，科斯不但没有反思，反而要以其谬论去扩大社会的裂痕。由此，科斯对社会的认识，因为背离了由伊壁鸠鲁学派所开创、格劳秀斯和霍布斯所发展的社会契约论传统，所以与宪政理念也格格不入。科斯的产权理论虽然是反社会性的，但与西方文明的主流观念是一脉相承的。科斯的产权理论与希腊哲学的这种偏颇有关②，却也暗合了西方资本主义社会，特别是盎格鲁－撒克逊世界根深蒂固地占据主流的观念：人与人之间天然是不平等的，法律是强者的忠诚侍女，以实力决定规则；弱者要服从强者的奴役。关于资本主义国家的法律性质，卢梭曾一针见血地指出，"所有一切国家的法律的普遍精神，都是袒护强者欺凌弱者，袒护富人欺凌穷人。这个缺点是不可避免的，而且是没有例外的"③。如果不能通过经济的欺骗手段（所谓的自由交易），那么便要通过法律的名义，通过法律的强制力量，让弱者担责。作为精英主义的信仰者，科斯反对以平衡市场力量为目标的国家干预，支持主张弱肉强食的丛林法则。

2.2.2　科斯产权理论的新自由主义基因与意识形态潜能

　　无疑，科斯的产权理论是为私有制辩护。但是，他并不是古典的自由主义者。因为，古典的自由主义者主张竞争而反对垄断；反对政府对市场的干预，并把政府的功能界定为"弥补市场失灵"，且把政府的（经济）职责限定于公共教育、国防等少数领域。

---

① 休谟曾言："正义感不是建立在我们的观念上面，而是建立在我们的印象上。"参见〔英〕休谟《人性论》（下），关文运译，商务印书馆1997年版，第533页。英美国家的两极分化及无处不在的暴力事件表明，人民群众基于两极分化的"印象"，对资本主义国家的社会正义产生了怀疑。

② 早期希腊的四大学派（米利都学派、爱菲斯学派、毕达哥拉斯学派、爱利亚学派）关注的是自然。苏格拉底开始关注人（道德哲学），柏拉图更是阐述了理性和智慧在"理想国"中的重要性。但是，柏拉图提出的四种美德（智慧、勇敢、节制、正义）中"节制"有一定朴素的责任（忠诚）观，但终究是没用"爱"的哲学。这种遗憾，直到宗教哲学兴起之后，才得到弥补。苏格拉底和柏拉图等，也对社会公平等问题不感兴趣。

③ 〔法〕卢梭：《爱弥儿》（上卷），李平沤译，商务印书馆2008年版，第361页。

　　然而，科斯却不是这样的。准确地说，关于国家的职能，他比原教旨自由主义者走得更远。原教旨自由主义反对国家干预，有双重意义。一方面具有积极的意义，它反对国家暴力对个人产权的剥夺，使个人产权变成了壁垒森严的碉堡。鉴于封建时期无处不在的王权对个人财产的恣意剥夺和侵犯，这种观点无疑是进步的和积极的，因为它有利于保护消极意义的自由。另一方面，原教旨自由主义反对国家干预，主张国家"市场失灵"，想让政府不要阻挡资本家赚钱，或者是，政府通过教育和国防等，为资本家赚钱提供一个良好的外部环境，创造良好的外部条件。在这个意义上，反对国家对经济生活的行政干预，也依然有一定的积极意义。国家通过教育与国防等为资本家提供了正外部性，这自然是后者所喜欢的。但如果财产的使用产生了负外部性即伤害了他人的利益时，国家应该采取什么样的态度呢？是站在社会利益的层面，遏制负外部性，以限制资本的使用权和维护弱者的利益，还是作为资本家的帮凶，去把绝对财产权从占有权扩展到使用权，主张外部性的合法性，以此维护资本的利益和牺牲弱者的利益呢？

　　在这个问题上，科斯的阶级立场暴露无遗。他为了强调通过市场方式解决外部性问题的重要性，草率地否定了政府的作用。这似乎表明，他主张自由竞争，反对国家干预，从而与新古典经济学处于同一阵营。然而，这只是表象。当经济交易的方法失灵或"市场失灵"时，科斯便回过头来强调政府的作用。当然，不是强调应该通过税收等方法来缓解外部性。科斯认为，政府对经济活动的授权，赋予了机场产生噪音的权利，而附近的居民只能选择忍受或自行迁出。在这里，国家的职能已经发生了根本性转变：从弥补正外部性的"市场失灵"转变为认可负外部性的"市场失灵"。如果因为负外部性而导致受害者的阻碍，那么政府便要去消除这种阻碍。政府的角色，已经从被动的"夜警"变成了为资本家发财而鸣锣开道的前锋。

　　能够产生负外部性的，自然是生产与消费等经济领域中的强者。科斯为证明其科斯产权理论的（生产领域）案例，都是以施害者存在垄断利益或超额利润为前提的，"走失的牛损坏临近土地的谷物生长"案例也是如此。比如，当养牛者承担责任时，他可以承担修建栅栏所需要的9美元的保护成本；或者可以支付2美元（所有稻谷的纯收益）因为多养1头牛而给农夫造成的谷物损失。然而，当由农夫承担责任时，处于完全竞争主体下的他既不能要求养牛者少养1头牛，也无法承担修建栅栏的9美元成本。他唯一的选择只能是退出。这不是自由谈判和交易的结果，而是垄断利润的养牛者对农夫的经济强制。科斯以（外部性的自由交易）自由竞争之名，行保护垄断资本主义之实。为垄断资本主义服务，而不是维护自由竞争的市场，这是新自由主义的重要特点。科斯的产权理论隐含着新自由主义基因，并且主张通过国家的干预来维护垄断利益。正如我们将要论证的那样，科斯的产权理论之所以能够成为显学，科斯之所以被视为现代产权理论的奠基者，主要的秘密就在这里。作为资产阶级经济学家，维护垄断资本主义的利益，这并不奇怪。这只是为马克思的如下名言再增加一个诠释罢了："占统治地位的思想不过是占统治地位的物质关系在观念上的表现，不过是以思想的形式表现出来的占统治地位的物质关系。"①

科斯的产权理论，还潜伏着与精英主义思想相吻合的意识形态功能。科斯的产权理论无论是前提、逻辑还是结论，都是错误的。它的宗旨是借助外部性的责任界定这个话题，维护垄断资本主义的利益。但是，科斯理论暗合了西方精英主义的思潮，特别是盎格鲁－撒克逊文化的强权思想。这使得科斯的产权理论具有了一个更重要的非经济功能，即意识形态的功能。通过把"自由交易"原则引入"外部性"这一被视为政府需要加以规制的传统领域，科斯产权理论很容易与反对国家干预、主张自由竞争的斯密教条联系起来。维护垄断资本主义强权政治的思想内核，又使其很容易被新自由主义所推崇。看似矛盾的两个衍生功能，都能够通过对科斯产权理论的误解或扭曲而产生。这赋予了科斯产权理论以某种神秘的，也为

---

① 《马克思恩格斯选集》第1卷，人民出版社1995年版，第98页。

资产阶级国家所大力推崇的功能：通过曲解原意和庸俗化的表达，从意识形态方面鼓吹资本主义私有制的合理性。科斯产权理论的这种迷惑性，也很容易被资产阶级学者加以利用，以反对"产权管制"之名而否定社会主义公有制，以现代产权理论之名而兜售私有制的理论，从而达到以资本主义私有制取代社会主义公有制的政治目的。

2.3 科斯产权理论的庸俗化：斯密定理的"复活"与公共选择学派的曲解

对于学术或实践，科斯的产权理论都没有多大贡献。但是，它的假设前提、结论以及隐含的阶级性，却迎合了一些人的学术口味，也寄托了许多人对于基本经济制度的信念。这诱惑学者们有意地曲解科斯，并使科斯产权理论一步步坠入庸俗化的深渊。

2.3.1 科斯产权理论的庸俗化：斯密定理的"复活"

科斯似乎在通过经济分析证明，外部性通过双方的自由交易（谈判）而以市场方法得到解决。许多人对此信以为真。科斯对外部性责任界定的经济分析所使用的文字表达和相关结论，很容易使这些学者得到如下观感，科斯的产权理论扩大了斯密定理的作用范围，即把市场机制的调节领域扩大到外部性，"科斯定理所要说明的是：看不见的手要比……外部效应论者所设想的更为有效"[①]。关于这一问题，经济学界有一个流传甚广（似是而非）的观点：为了解决污染等外部性问题，深信自由主义的科斯独具慧眼，提出了一个完全不同于庇古税的灵丹妙药，即通过市场交易、双方自由协商。进而，为数不少的学者把世界各国存在的排污权交易市场，视为科斯产权理论的实践。这无疑是一个认识误区，甚至令人啼笑皆非。因为，

———————————

① 参见〔美〕赫舒拉发等著《价格理论及其应用》，李俊慧、周燕译，机构工业出版社 2009 年版，第488 页。

在科斯看来，环境污染等原本就是一个不需要去解决的问题，它是经济发展过程中必须要付出的代价。为了经济增长或所谓的社会整体利益（其实是垄断者的私利）而排放污染是企业的权利，其他人得忍受污染、噪音等环境问题所带来的种种不舒服。如果因为不能忍受这种不舒服而诉诸法院，那么法庭将按照"受害者有错"等诸原则，使受害者败诉。科斯还认为，如果非要排污者承担责任，拥有垄断利润和市场力量的施害者大不了赔偿一点钱给受害者。但是，这点赔偿对施害者来说不算什么，故而他依然能够保持最佳（能够给他带来最大利润的）生产规模，而受害者则因此而退出市场。所谓的排污权交易市场是科斯理论的运用，更是违背了常识。排污权交易市场存在的前提有两个：环境污染是需要解决的问题（当然是控制一定的总量，不是完全消灭），排放污染（多）的企业必须承担相应的责任，给排污较少的企业以经济补偿。如果离开了这两个条件，所谓的产权交易市场，怎么会存在呢？如下的事实，不用严肃思考和严密的逻辑演绎，简单运用经济学的常识即理性经济人假设便很容易明白。如果离开了法律强制，污染者会心安理得地继续排放污染，受害者会继续无奈地忍受各种不舒服及由此产生的身体、心理与心灵的创伤。如果根据法经济分析的结论或者根据《社会成本问题》一文的本意，科斯产权理论的政策含义与所谓的斯密定理其实是相反的：科斯提倡的不是外部性的市场交易，而是通过法律的强制赋予施害者以排放污染的权利，并使受害者承担相关后果。科斯的原意即法律强制，与学者们所想象的即自由交易，是完全相反的。

2.3.2　科斯产权理论的庸俗化：公共选择学派的曲解

污染等外部性的交易市场实践，源于科斯产权理论，甚至被视为科斯定理的实践。这是对经济学界的一个莫大讽刺：认为权利与义务不平等，并诉诸暴力手段而把排污视为施害者权利，对弱者充满偏见的科斯，被视为自由交易原则的旗手。不过，这仅仅是科斯产权理论庸俗化的开端。沿着斯密定理的方向，学者们继续对科斯产权理论进行庸俗化的解读。"外部性的市场交易"这一想法，以及科斯经济分析的推论，都会促使学者进行如下的推理：不论产权的初始分配状态如何，如果市场交易费用为零，市场机制都会导致资源配置的帕累托最优效率。也就是说，通过使用权的市场交易，有助于提高非鲁滨孙式世界资源配置的事后有效（平新乔、刘伟，1988），并促进经济增长。这就是布坎南对科斯产权理论进行的创新性"拓展"。① 这个观点对崇尚市场效率的人来说有很大的诱惑力。而且，对那些不了解科斯产权理论核心观点及其隐含的财产权意义的人来说，因为这个观点也符合经济学的直觉而很容易引起共鸣。因为，给定所有权（占有权）不变，通过产权市场的自由交易（比如二级市场），可以实现所有权从低效率者向高效率者的转移。所有权转移的过程，既是一个资源配置效率改善的过程，也是一个通过市场机制而促进经济增长的过程。正是如此，布坎南的这个引申得到了不少学者的回应，并将之推广到土地市场等具体领域。②

有学者笼统地介绍了现代产权学说的核心——科斯定理，并且认为，布坎南对科斯定理的重新构造，是20世纪以来西方产权理论演变的最后形式。③

然而，这却是一个曲解。前文通过澄清科斯产权理论的迷雾，已经阐明：科斯主张把生产外部性界定给那个效率高的主体。产权（外部性的产权）与效率的关系是：产权界定是果，效率是因。不是产权界定导致了效率，而是赋予效率较高的主体以排放污染的权利。因而，科斯的产权理论，并不是要证明产权对效率的促进作用，更不是要证明产权交易对效率的促进作用。但是，由于经济分析的迷

---

① 参见〔美〕布坎南《自由、市场与国家》，吴良健、桑伍译，北京经济学院出版社1989年版，第132页。

② "给定土地产权的初始分配状态，在市场机制的作用下。土地配置必然向最优状态靠近。唯一阻碍土地配置达到最优的，就是交易费用。"参见田传浩《土地制度兴衰探源》，浙江大学出版社2018年版，第89页。

③ 平新乔、刘伟：《本世纪以来西方产权理论的演变》，载《管理世界》1988年第4期。

惑性，科斯的产权理论很容易被有意地曲解。在这方面，布坎南已经走出了很重要的一步。布坎南是公共选择学派代表者，尽管他有时候也被纳入新制度经济学的阵营，但他终究不是这个学派的核心。新制度经济学，特别是产权经济学，也不能满足布坎南的"拓展"。现代产权理论的学者，需要根据经济学的正统范式，对科斯产权理论给出符合自己意愿的解读。科斯产权理论的庸俗化也因此一步步向前推进。

2.4　科斯产权理论的庸俗化：现代产权理论

2.4.1　科斯产权理论的庸俗化——现代产权理论：科斯第一定理

西方学者对科斯产权理论政策含义颠倒黑白的庸俗化理解，使科斯的名字与斯密联系在一起，从而增大了科斯理论的影响。从学术上看，这种庸俗化倒也没有什么大的负面影响和误导性。产权经济学家的庸俗化，则是另外一回事了。庸俗化的结果，是科斯定理的出现。①

---

① 科斯定理（第一、第二和第三定理）也有不同的版本。费尔德（Felder，2001）提供版本的内容如下。科斯第一定理：如果交易成本为零，则权利的初始界定并不重要。科斯第二定理：如果交易成本为正，交易权利的初始配置将影响权利的最终配置，也可能影响社会总体福利。科斯第三定理：当存在交易成本时，（借助于政府的公平、公正的界定权利）重新分配已界定权利所实现的福利改善，可能优于通过产权交易实现的福利改善。费尔德中译本的表达则分别是：科斯第一定理的实质是，在交易成本为零的情况下，权利的初始界定不重要；科斯第二定理认为，当交易成本为正时，产权的初始界定有利于提高效率；科斯第三定理的结论是，通过政府较为准确地界定初始权利，将优于私人之间通过交易来纠正权利的初始配置。

笔者认为，科斯第一定理的真实含义很容易被解读为：交易成本不为零时，产权界定很重要。笔者所阐述的科斯第一定理，便是根据这一经济含义而推导的。科斯第二定理的经济学含义，根据其经济学的真实含义，很容易理解为：存在交易成本时，（根据市场原则即产出最大化原则）产权应该界定给效率较高的主体。科斯第三定理的经济学含义则是，为了减少交易成本，应该由政府来界定产权（其实是由政府把产权界定给效率较高的主体）。

对于产权（所有权）的经济功能，学术界的传统理解是：通过界定产权，实现外部性的内部化，通过高能激励或明晰的产权，可以促进所有者更高效地使用资产，进而有助于提高效率和促进增长。在这里，产权界定是因，增长（效率）是果。根据田传浩（2018）的思路，产权明晰的界定，通过如下三个机制而提高效率、促进经济增长。其一是"担保效应"（assurance effect）。如果所有者觉得产权稳定或者能够长期使用他们的资产，并且通过保存和增强而使资产增值（长期投资）所带来的回报很高的时候，所有者就有更强的激励去进行这种投资。其二是"可实现性效应"（realizability effect）或"交易收益效应"（姚洋，2000）。如果资产能够通过出售变为流动资产，也就是说优良的转让权（superior transfer rights）降低了资产买卖和租赁的交易费用，那么投资导致的资产增值就更容易从市场交易中得到确认，这又增强了投资的激励（Besley，1995；Platteau，1996）。其三是"抵押效应"（collateralization effect）。该效应由担保效应和交易收益效应衍生而来。若资产所有者通过抵押而获得贷款（或其他形式的资金），那么将进一步增加所有者的生产规模，并提高资产的价值。当科斯强调产权界定很重要时，并不是说产权界定可以通过担保效应和交易收益效应等促进增长。他无非是说，如果权利界定不清楚，则双方无法进行交易。这与产权理论的传统理解是不相干的。

按照产权功能的传统理解，效率是果，产权界定是因。尽管科斯的研究对象是外部性而非物质财产本身，但其核心观点却很容易通过偷换"产权"的对象而被乔装为学者们习惯的产权理论。这一尝试的始作俑者是斯蒂格勒。根据科学研究的通常范式，通过放松假设而得到更加符合现实的推论。或者说，放宽假设得到的推论，有时候才是作者原本要表达的真实意思。根据通常的学术规范，如果放宽交易成本为零的假设，那么得到的推论应该是：交易成本不为零时，产权界定（对效率提升和经济增长来说）很重要。或者说，交易成本不为零时，产权的初始界定是很重要的。斯蒂格勒是这样说的："科斯定理这样断言，在完全竞争条件下，私人成本与社会成本相等。"① 他不但把最重要的前提"产权的自由交易"或"交易成本为零"调包为"完全竞争"，而且把外部性这个研究对象偷换为通常意义的物质资产。沿着这一方向，《新帕尔格雷夫经济学大辞典》中"科斯定理"词条作者库特是庸俗化的集大成者。他总结了科斯定理的三个假设前提，并把科斯产权理论扭曲为"法定权利的最初分配从效率角度看是无关紧要的"②。库特的掉包使科斯产权理论被偷换为产权界定与经济增长之间的关系。③ 果然，富鲁布顿和佩杰威克便如此说道："社会中盛行的产权制度，便可以描述为，界定每个人利用稀缺资源地位的一组经济和社会关系。"④ 这一曲解把科斯的产权思想理解为产权界定与产权安排对效率的促进作用。这个庸俗化的解读，被学者定义为科斯第一定理。这暗合了现代产权理论的核心内容。因为"（如果交易成本为零）产权界定或产权明晰，可以促进投资、提高效率、促进增长"之类的表达，是现代产权理论最重要的观点。这个观点大致是科学的、正确的，故而也是绝大多数学者（除非出于偏见）所难以否认的。这种"科学性"使得科斯定理得到了深远、广泛却也是误导性的传播。现代产权理论的"信男善女"，成为科斯的模仿者和追随者。它使得科斯定理占领了又一个学术市场并俘获了更多信徒。

2.4.2 科斯产权理论的庸俗化——现代产权理论：科斯第二定理

　　从内容来看，科斯第一定理其实没有多大的创新，因为这些内

---

　　① 参见〔美〕乔治·J. 斯蒂格勒《价格理论》，李青原译，商务印书馆1992年版，第113页。

　　② 约翰·伊特韦尔、默里·米尔盖特、彼得·纽曼编：《新帕尔格雷夫经济学大辞典》（第1卷），陈岱孙等译，经济科学出版社1996年版，第498页。

　　③ 〔美〕约瑟夫·费尔德著：《科斯定理1-2-3》，李政军译，载《经济社会体制比较》2002年第5期。

　　④ 参见E. 富鲁布顿、S. 佩杰威克著《产权与经济理论：近期文献概览》，李飞译，载《经济社会体制比较》1992年第1期。

容和观点是产权经济学（也是经济学）的基本教条。但是，科斯第一定理在很大程度上是科学的。通过《社会成本问题》来强调或阐述产权理论的传统教条，当然不是科斯的初衷。科斯真正在意的或者科斯的主要贡献是，"交易成本"这个假设的引入。科斯第一定理（其实是产权经济学的传统范式）强调产权界定本身的重要性，但并不涉及产权应该界定给哪个主体。科斯真正想要表达的是，当存在交易成本时，应该把产权界定给谁（而不是产权界定本身）很重要。我们已经说明，科斯对于外部性的责任界定问题的态度并不是中立的：他主张施害者有排放污染的权利，因为其产出（或效率）比较高。科斯本人也是这样说的，为了总体福利的最大化，"权利应该配置给那些能够最富有生产性地使用它们的人"①。尽管讨论的问题是外部性的责任界定问题，但如果把外部性转化为通常意义上的财产，那么很容易通过科斯的观点引出如下推论：为了节省交易成本，稀缺要素（包括财产）的产权应该赋予或界定给更有能力（或更有效率）的主体。科斯并不关心权利界定对受害者的损失。他为维护垄断资本利益，以社会整体利益为借口，反对施害者承担责任。科斯关心的是责任界定问题对施害者是否产生利益损失，而不是对效率是否产生损失。在科斯第一定理那里，产权是因，效率是果。但是，科斯真正要表明的观点是，把产生外部性的权利界定给效率较高的主体，效率是因，产权界定是果。为什么这些主体会有较高的效率（或较大的产出水平）呢？科斯并没有回答这个问题。效率，变成了一个外生的东西。效率，并不是由产权所决定的。但是，为了不影响效率（或施害者的产出水平），应该让受害者承担责任。

通过这个观点，可以看到科斯的冷酷无情。排污者原本就是具有市场力量和垄断利润的主体。科斯在经济分析中也已经表明，即使施害者给受害者一点赔偿，施害者的产出水平其实不会受到影响。当然，施害者的利润或收入水平会因为赔偿而有所减少。当科斯主

① 〔美〕科斯著：《生产的制度结构》，银温泉译，载《经济社会体制比较》1992 年第 3 期。

张把排污权赋予施害者时，受害者就连那点经济补偿也没有了，排污者的利益则毫发无损。当科斯主张铁路公司等有权利排放污染时，他为垄断资本利益辩护的意图是非常明显的。

把排污的权利赋予效率较高的主体。这是科斯的核心主张。如果把外部性的研究对象转变为财产，那么很容易使学者对产权与效率的关系进行倒因为果的庸俗化运用，并把科斯的观点拓展为产权理论的第二个范式：把产权界定给效率较高的主体。更有甚者，把科斯的这个观点曲解为：当交易成本为正时，产权的初始界定有利于提高效率。如上所述，根据科斯的核心主张，产权界定是果，效率是因。但是，西方学者还是别有用心，在庸俗化的科斯第一定理的基础上，对科斯的产权理论做进一步的曲解。科斯核心主张庸俗化运用的结果，直接导致了科斯第二定理的出现。由于科斯第二定理符合了强者的利益，因而比科斯第一定理产生了更为广泛的影响。科斯的模仿者和追随者，日复一日地念叨着"科斯定理"。作为科斯产权理论赝品的科斯定理，以讹传讹，广泛流传乃至于成为玄学。通过使用科斯提供的理论工具（如交易成本）、方法（成本与收益的比较等），一大批学者发展了新制度经济学理论（或产权理论的第二范式）并将其纳入主流经济学（Alchian and Demsetz，1972；Cheung，1983；德姆塞茨，1988；Williamson，1985；Hart and Moore，1990）。在这股洪流中，威廉姆森发展了他的交易成本理论，哈特等人更是提出了所谓关于不完全契约的 GHM 理论。无论这些理论披着什么样的学术外衣，它们特别是不完全契约理论（也包括企业理论）都竭力证明科斯产权理论的一种庸俗化理解：能力高者或边际贡献大者应当获得产权。

2.4.3 科斯产权理论的庸俗化——现代产权理论：科斯第三定理

不是产权决定效率，而是效率决定产权，即把产权界定给效率高的人。效率从何而来？在科斯那里，效率已经变成了外生（于产权）的现象。产权不再是促进增长的基础性因素，而是变成了使强者通过牺牲社会利益而保障垄断利润的保护伞。所谓的现代产权理论，已经失去了进步性。不过，它还会在这个道路上继续后退。

科斯第二定理，只是从理论上说明了"应该"的问题，而没有阐述"如何实现"的问题。或者说，科斯（包括提出科斯定理的那些推崇者）希望通过市场的自由交易（双方的谈判）来解决这个问题。不过，正如前文所表明的那样，在信息充分对等的情况下，理性的受害者不会接受科斯的赔偿标准，市场自由交易也不会出现。那么，外部性的产权也不会自动转移到施害者那里。这种情形（交易成本不为零）出现时，科斯便祭出他的暴力工具。这个武器库有两个暴力工具：一个是法律的强制，另外一个是政府的授权。不过，为了使这个理论具有科学性，费尔德（Felder，2001）等产权经济学家便以科斯的名义拓展了第三个定理：为了减少交易成本，应该由政府来界定产权。也就是说，让政府来限制权利常常比较便宜（约瑟夫·费尔德著、李政军译，2001），或者说可以减少产权界定的交易成本[①]。

这个定理隐含着两个意思：私人之间的产权界定因为搭便车等原因而难以形成，作为拥有暴力潜能的政府便可以承担起这个责任；政府只是为了社会的整体利益（福利最大化）而界定产权，不关心产权应该具体界定给哪个主体。这些文字，对经济学家，特别是对那些学习过新制度经济学主要理论的学者来说，是非常熟悉的，甚至被认为是一种默示知识，是一个经济学的理论共识。

科斯笔下的政府，在产权界定问题上的态度果真是中立的吗？科斯（及其信徒）是笃信市场的平等与自由原则的吗？当然不是。如前所述，科斯定理的推崇者表面支持自由主义，暗地里则主张国家的强制：通过政府授权这个暴力手段，把生产外部性（污染等）的权利赋予施害者。于是，法律和政府，便脱离了中立角色而变成

---

① 段毅才（1992）认为，交易成本就是界定产权所费去的成本，或者说，交易成本就是在不同的所有权之间确定权利、责任所费的成本。

了维护强者利益的工具。科斯把国家从自由主义的被动角色，即弥补市场失灵，变成了更加咄咄逼人的主动角色，变成了一个因为否认"对相互义务和对权利相互承认"的道德共识而成为一个奥古斯丁所说的"大规模的江洋大盗"①。科斯对法律和国家功能的认识，倒也验证了马克思的理论：资本主义社会的法律所维护的是占统治地位的资本家的利益，资产阶级国家是资产阶级利益的保护神。

由于维护垄断资本主义（而不是自由竞争的资本主义）是新自由主义的基本特点，故而科斯定理因为庸俗化的拓展而成为新自由主义的象征。这使得科斯与哈耶克、弗里德曼、诺齐克等被视为同一阵营，成为新自由主义的旗手。"崇拜"市场力量的科斯定理便成为最彻底的经济自由主义的新的理论依据（吴宣恭，2000）。科斯定理，也因为这种乌托邦和形而上的隐秘功能，得到了广泛的宣传。科斯定理，也越来越成为一个符号、一个象征。

2.5　科斯产权理论的庸俗化：资本主义私有制的辩护者

效率至上或 GDP 崇拜，是科斯的基本理念。为了 GDP，环境污染、生态恶化等，都是可忽略的，企业有权利排放污染物。对于生产与生活过程中所产生的各种污染等环境问题，人们必须适应和忍受。为了效率，可以通过经济与法律的手段，使施害者得到保护，而受害者退出市场。利益受损和失去工作的受害者退出市场的结局，是收入分配的两极分化、失业、贫困，进而是穷人的健康受损和儿童辍学等种种社会问题。特别是随着垄断资本主义的兴起，这些经

---

① "西塞罗从上述伦理原则中得出的政治推论是，一个国家除非依赖、承认并兑现有关把公民凝聚在一起的相互义务和对权利的相互承认那种意识，否则是不可能长久存在的。即使这种国家能够存在，那它至多也只能在一种软弱无能的状态中存在。国家是一个道德共同体。亦即由那些共同拥有该国家及其法律的人组成的一个群体。……除非一个国家是一个为了伦理目的的共同体，除非国家是被道德的纽带联系在一起，否则就像奥古斯丁在后来所说的那样，国家只是一个'大规模的江洋大盗'而已。"参见〔美〕萨拜因《政治学说史：城邦与世界社会》，邓正来译，上海人民出版社 2015 年版，第 274 页。

济与社会问题变得越来越严重，并导致了资本主义社会频繁发生的经济与社会危机。这也引起了资产阶级学者与政府的深刻反思。庇古的福利经济学、凯恩斯的国家干预主义等思想因此而产生，并对政策产生了巨大影响，在某种程度上缓解了资本主义社会的经济矛盾，使得资本主义国家在"二战"之后出现了新的繁荣。20世纪70年代初期资本主义世界的滞涨，国家干预主义思想受到批判，新古典主义特别是新自由主义思想逐渐成为主流。新古典经济学主张混合经济，主张政府对经济的适度干预，但政府的角色始终是维护资本的利益。新自由主义更是赤裸裸地为垄断资本主义辩护，并使国家在帮助垄断资本剥离社会成本方面，变成了更为积极主动的角色。国家主义与工业化一起，也因此成为"我们这个时代西方世界具有决定性的两种力量"①。新自由主义不仅在资本主义世界盛行，而且被有意地输入到发展中国家，特别是社会主义国家。在资本主义国家，新自由主义主要维护精英阶层的利益，强调国家力量，忽略两极分化等经济与社会问题。在其他国家特别是社会主义国家，新自由主义则变换了面孔：反对国家干预、主张自由竞争，反对管制、主张私有产权的原教旨资本主义。

作为新自由主义思想在经济学领域的重要代表，科斯定理也具有双重面孔和双重目的。沿着新自由主义的道路，科斯定理步入了形而上学或意识形态的殿堂，并最终变为一个面具和一个符号。这个面具所掩盖的是意识形态。这个符号寄托了英美社会的主流思潮。掀开表面粘着国家干预主义的解毒剂的面具，里面则是新自由主义的旗帜。科斯对庇古的批评，科斯定理隐含的自由竞争等假设，外部性自由交易和反对政府管制等观点，很容易给人留下这个印象：他主张自由放任。对"制度、法律和货币"的批评，更是强化了这种印象。正是如此，科斯定理被新凯恩斯主义（或国家干预主义）

① "工业化和国家主义，而非工业化和民主政治，是对我们这个时代的西方世界具有决定作用的两种力量。"参见〔英〕汤因比《历史研究》，刘北成、郭小凌译，上海人民出版社2005年版，第8页。

者比如斯蒂格利茨等人严厉批判。对崇尚自由主义比如张五常等人来说，科斯则是代言人。① 这些评价之间尽管存在巨大差异，但都不关乎学术，因为它们均是基于先验的价值观。②

这是表象。如上所述，科斯并不是真的反对国家。准确地说，他主张那种保护精英利益的国家，反对那种平衡市场力量保护弱者和以维系社会公平为己任的国家。但是，科斯就像诡辩论者莱科夫朗（Lycophron）那样，把国家视为以利润最大化为目标的贸易公司。科斯也不是真的反对法律。他主张那种以金钱（而不是公平）为导向的法律："在由法律制度调整权利需要成本的世界上，法院在有关妨害的案件中，实际上做的是有关经济问题的判决，并决定各种资源如何使用。"③ 可以说，科斯定理最大的功能是再现了资本主义私有制的本质。他将财产的绝对权主张从占有权扩展到使用权，从而使科斯很容易被标榜为资本主义私有制的支持者。在这一点，无论是自由主义还是国家干预主义，都站在了统一战线上。科斯定理当中昭然若揭的"丑陋不堪的利己主义"，其实是资本主义学者所默认的自然也不能揭示的秘密④。这也许可以解释一个奇怪现象：尽管斯蒂格利茨等对科斯定理进行了貌似严厉的批评，但科斯产权理论的实质错误却一直没有被揭示出来。原因很简单，因为"西方过去一直把外邦人皈依某种西方宗教作为进入西方社会的必要条件"⑤，期

---

① 参见裴小革《新自由主义产权理论与马克思主义产权理论比较》，载《政治经济学评论》2004 年第 2 期。

② 比如张五常认为科斯"思想深不可测"。与此不同，《新帕尔格雷夫经济学大辞典》"科斯定理"条目的撰写者库特认为："科斯定理，……存在障碍"，"有可能是错误的"，"交易成本论犯了方向性错误"，"科斯定理的交易成本论应看作是谬误"。新凯恩斯主义者斯蒂格利茨干脆认为科斯定理乃"科斯谬误"，产权清晰论只不过是"产权神话"罢了。相关的评价，参见吴易风（2007）等的研究。

③ 〔美〕科斯：《社会成本问题》，见《论生产的制度结构》，盛洪、陈郁等译，上海三联书店 1994 年版，第 172 页。

④ "在我们西方的种族理论当中，最一般、最昭然若揭，也最丑陋不堪的部分就是利己主义了……"参见〔英〕汤因比《历史研究》，刘北成、郭小凌译，上海人民出版社 2005 年版，第 69 页。

⑤ 〔英〕汤因比：《历史研究》，刘北成、郭小凌译，上海人民出版社 2005 年版，第 358 页。

待私有制意识形态在其他国家取得胜利的资产阶级经济学家，乐见科斯定理在其他国家的盛行，故而期待科斯定理影响乃至于决定发展中国家特别是社会主义国家的基本经济制度的架构。故而，科斯本人和那些新自由主义的"旗手"，利用一切可能的机会，在这些国家大肆地兜售科斯定理；期待通过科斯定理，使这些国家皈依资本主义私有制。

2.6　科斯产权理论与中国的经济体制改革

2.6.1　科斯产权理论对中国经济体制转轨的阶段性借鉴意义

科斯的理论与现实背离，其学术影响主要不是来自科学贡献，而是庸俗化后的符号功能，特别是意识形态的功能。但是，研究产权与制度的中国学者，几乎言必称科斯。科斯在中国，有着极其深远的影响，有大量信徒[①]。科斯凭借什么样的魔力而产生如此大的影响？原因主要有两个。

其中一个原因是迎合了国内压抑良久的对效率的渴望。科斯定理发挥着产权管制解毒剂的作用，也寄托了中国学者对效率的渴望之心。由于曾经对经典作家理论的教条主义式理解，特别是对苏联模式的盲目复制，中国在 20 世纪 50 年至 70 年代，实施了严厉的产权管制。它有助于建立健全的国民经济体系，特别是工业化体系，但也造成微观层面的低效、宏观经济的增长乏力、居民收入增长缓慢和生活水准长期维持在较低标准等种种问题。尽管人们对科斯定理不求甚解，但由于它与反对国家干预、自由竞争等理念联系在一

---

① 在中国知网学术期刊和中国知网学术论文库，全文搜索"科斯"，出现的次数（多达 20 多万次）远超过凯恩斯和斯密。

起，故而对于那些反思传统经济体制弊端的学者来说，它起到了解毒剂的作用。与此相关的一点是：它为转轨阶段转变政府经济职能，中国特色社会主义市场经济体制的建立，特别是国有企业高能激励导向的体制机制改革，起到提供某种营养剂的作用。科斯定理的广泛传播反映了中国学者对效率的渴望，促进了新制度经济学、公共选择理论等相关学术思想在中国的传播。大量的学者通过引用和阐述科斯定理，来解释国有企业等微观经济主体低效等弊端，来论证国有企业市场化改革特别是治理体制改革的重要性。客观地说，在经济体制转轨的特定阶段，科斯定理曾经发挥了一定的政策借鉴作用，中国特色社会主义市场经济体制的基本理论也吸收了科斯定理的某些因素。

另一个原因是资本主义私有制和资产阶级自由化等意识形态的渗透功能。经过包装，科斯在经济学领域已成为类似于哈耶克和弗里德曼的自由主义旗手，与主张"完全"自我所有权的政治学者诺奇克等也属于同一战线。科斯定理的政策含义，正如米瑟斯所言，"除了以生产资料私有制为基础的社会制度之外，其他的任何社会制度都是不可行的。自由主义捍卫财产的私有制，反对任何企图消灭它的行为。如果人们因此将自由主义者称为私有制的辩护士，那么，这个称号是恰如其分的"①。科斯定理已成为私有制的象征，科斯是第一旗手。正是凭借秘而不宣的功能，科斯被戴上了现代产权经济学奠基人的高帽，科斯定理被视为现代产权理论的拱顶石。科斯也因而获得了诺贝尔经济学奖。在科斯获奖的1991年，苏联和东欧发生了巨变。瑞典皇家科学院对科斯的颁奖，似乎代表西方世界表达对马克思主义和社会主义制度遭遇重大挫折的高呼，同时向这些国家抛出私有制的橄榄枝。苏联巨变之后，意识形态的主战场转移到中国。披着科学外衣的科斯定理在中国广为流传。借着学术交流的名义，科斯之流极力唱衰公有制和鼓吹私有制。"1997年，科斯对中

---

① 参见〔奥〕路德维希·冯·米瑟斯《自由与繁荣的国度》，韩光明等译，中国社会科学出版社1995年版，第119页。

国来访者说：'问题的本质是要实行私有制度……西方经济学家……劝告说，"你们搞私有化吧，……"如果体制建立了，就不用为私有化操心了。'"① 科斯如此，科斯的弟子更是如此，把科斯定理视为否定公有制的理论武器。新自由主义的其他旗手也加入了大合唱。比如，弗里德曼1998年访华回国后做了题为"中国的改革向何处去"的报告并认为中国最重要的改革是"私有产权，私有产权，第三个还是私有产权"。② 在金融领域，一些西方学者有意贬低国有银行并鼓吹私有化。比如，世界银行专家、美国俄克拉荷马州教授威廉·L. 麦金森（William L. Megginson，2003）在世界银行举办的"中低收入国家银行私有化会议"上宣称，"每一次国有银行的私有化运动，都是宣告计划经济理想的幻灭"；"国有银行的影响破坏性是巨大的，如果国家的目标是建立一个有效率的市场经济，减少政府对信贷配置的影响是非常重要的。最关键的教训是：正在进行私有化的政府，无论何时、无论何地，只要政治条件许可，都应该彻底放弃国有产权"；"完全私有化是最好的。假如政府保持部分产权，它应该是被动的投资者"。③ 就推进国有银行的私有化措施方面，麦金森（Megginson，2003）的一些主张（如提高银行透明度和妥善处理不良贷款等）颇有道理，然而他的私有化主张则居心叵测和别有用心（米运生，2008）。不少科斯的诌媚者及其在中国的追随者，也汇入这一洪流。④ 张五常是最卖力的典型，"科斯《联邦通讯委员会》中的这句话是在'私有财产……'的小标题下讲的。因此，科斯解释说：'清楚的权利界定是私有产权'"。⑤ 尽管有学者不遗余力地兜售，但在中国特色社会主义市场经济体制的不断完善、中国特色社

---

① 吴易风：《产权理论：马克思和科斯的比较》，载《中国社会科学》2007年第2期。

② 参见张才国《新自由主义意识形态》，中央编译出版社2007年版，第66页。

③ 转引自米运生《境外战略投资者与国有银行效率的帕累托改进》，载《经济社会体制比较》2008年第2期。

④ 在土地制度领域，也有学者主张私有化。不过，这些主张的意图之一是为防止地方政府对地权的侵犯，赋予农民更加稳定而有保障的土地产权（田传浩，2008）。

⑤ 张五常：《我所知道的高斯》，见《凭阑集》，社会科学文献出版社2001年版，第121页。

会主义进入新时代的背景下，为私有制辩护的科斯定理，其有害性远大于参考性。因为，它与中国传统文化以及马克思主义基本理念背道而驰。①

2.6.2 科斯产权理论与中国特色社会主义基本经济制度的根本冲突

科斯等西方学者所推崇的效率至上原则，与西方文明中的精英主义理念一脉相承。赢者通吃，是科斯的偏好。概览《社会成本问题》全文，处处透露着科斯对弱者无情的刻薄和污蔑。冷血的科斯，丝毫不关心他的建议可能引起的贫困等后果、反对政府对受害者施以援手并臆测受害者的机会主义行为，"我（从机会成本角度理解社会产品时）撇开了定价制度也放弃了收入再分配问题"；"真正的危险是，政府对经济制度的全面干预会导致那些对有害结果负有责任的人的保护"；"问题的关键在于衡量消除这些有害效果的收益与允许这些效果继续下去的收益。当然，政府救济活动范围的扩大常常会导致这种保护，以针对这种超过规定的妨害"。② 科斯如此，其信徒亦然。阿尔钦和张五常的得意门生约翰·昂伯克（John Umbeck，1977）以美国西部淘金时期的经验事实来试图佐证一个著名口号："强力界定权利"③。无疑，科斯信奉极端个人主义、精英主义价值观，崇尚强力，把原则建立在实力和利益基础之上等资本主义社会的主流价值观。④

不同于西方文化，中国传统文化既主张公平、反对弱肉强食，也高度重视自然环境的保护和浓厚的人文关怀。尽管生产力水平较

---

① 参见高鸿业《科斯定理与我国所有制改革》，载《经济研究》1991年第3期。

② 〔美〕科斯：《社会成本问题》，见《论生产的制度结构》，邮盛洪、陈郁等译，上海三联书店1994年版，第186、172、171页。

③ Umbeck John. The California Gold Rush：a Study of Emerging Property Rights, *Explorations in Economic History*, 1997, 3（14），pp. 197 - 206。

④ 参见黄少安《现代产权经济学的基本方法论》，载《中国社会科学》1992年第2期。

低，但古代哲人并不赞成对自然的过度索取，并主张保护好自然资源。比如，《文子·七仁》曾经记载："先王之法，不涸泽而渔，不焚林而猎。"孔子也主张"钓而不纲，弋不射宿"（《论语·述尔》）。对人的关怀，更是中国古代哲学的最重要特点。老子的"绝圣弃智"、庄子的齐物、列子的齐生死等贵贱①、墨子的"兼爱"、杨朱的"为我"等，都高度重视个人的价值和人与人之间的平等。即使是主张阶级差别②的儒家包括孔子和孟子，站在统治阶级利益的角度，也反对暴政和仁政。荀子更是反对丛林规则，反对"强者害弱而夺之，众者暴寡而哗之"（《荀子·性恶》）的社会状态。"西洋人有所谓力的崇拜，中国哲学中则鲜其痕迹。"③ 与此观念相一致，在中国传统文化中，制度的功能在于道德评判和是非判断，而不是规范像自然界的强弱之争，"天之道在生植，其用在强弱。人之道在法制，其用在是非"④。

科斯理论所蕴含的价值观，既不符合中国文化传统，也有悖于马克思主义的基本原理。但是，考虑到科斯在国内外学术界的巨大影响及其所蕴含的价值观，要反思科斯理论，在中国学术界并不是一件容易的事情。反对环境破坏、主张社会公平的社会思潮下，在《社会成本问题》一文发表的 20 世纪 60 年代，正是凯恩斯主义盛行于西方世界的时代。反思自由主义的其他学派，比如以加尔布雷斯等为代表的制度学派，无论在学术界还是在决策部门，在美国等资本主义国家具有非常广泛的影响。20 世纪 70 年代之后，"滞涨"的出现和新自由主义的盛行，逐渐使得科斯声名鹊起。不过，科斯在产权理论的学术声誉，主要来自企业理论，而不是产权理论。科斯在产权理论的名声，主要不是来自学术贡献，而是新自由主义的意

---

① "故生非所生，死非所死，贤非所贤，愚非所愚，贵非所贵，贱非所贱。然而万物齐生齐死，齐贤齐愚，齐贵齐贱。"（《列子·杨朱第七》）

② 比如"物之不齐，物之情也"（《孟子·滕文公上》）。

③ 张岱年：《中国哲学大纲》，商务印书馆 2015 年版，第 848 页。

④ 刘禹锡：《天论》（上），转引自张岱年《中国哲学大纲》，商务印书馆 2015 年版，第 294 页。

识形态。

经济体制转轨的特殊性等原因，使得科斯、哈耶克等新自由主义学者，在中国有着异乎寻常的影响。相反，对资本主义进行批判和反思并且对资本主义世界有着广泛影响的加尔布雷斯等学者，在中国却不那么为人所知。新凯恩斯主义的斯蒂格利茨等，因为其特殊的学术身份（比如获得诺贝尔经济学奖）和职业（比如曾任世界银行首席经济学家）等，以及对国家干预主义和资本主义的有限批判，在中国有着很大的影响。但是，受到资本主义意识形态的限制和维护资本主义私有制的约束，加尔布雷斯或者斯蒂格利茨等对资本主义的批判只能是表面的。科斯在西方被吹捧，是理所当然的。科斯理论在经济体制转轨阶段所发挥的借鉴作用，对深化中国国有企业机制的改革等发挥的舆论引导和思想支持等作用，也使得科斯与科斯定理在中国曾经产生了很大的影响。但是，在中国基本完成工业化，整体经济发展水平进入跨越中等收入和实现共同富裕的新时代，科斯理论在总体上已经不适合中国基本经济制度的改革。科斯定理所隐含的自由化主张，对中国来说，不是指路明灯，而是具有诱惑力却又致命的海妖之歌。

保护自然环境、维护社会公平正义是中国哲学最重要的特点。这与科斯所代表的西方主流文化是截然相反的。科斯定理所隐含的价值观与中国传统文化是相悖的。当然，中国的传统文化也需要在新历史条件下不断发展和丰富。特别是对社会主义中国来说，需要将中国优秀的历史文化与马克思主义相结合，根据社会主义中国的基本国情，实现马克思财产权社会义务理论的中国化，从而孕育出中国特色社会主义基本经济制度（林岗、张宇，2000）。

3 马克思财产权社会义务理论及影响

3.1 马克思的产权理论

3.1.1 作为产权理论先驱者的马克思

产权理论属于制度经济学的范畴。制度经济学包括老制度经济学和新制度经济学。凡勃仑、康芒斯等被认为是老制度经济学的代表人物。新制度经济学的内涵比较广，包括不完全契约理论、企业理论、现代产权理论等，其人物以科斯、威廉姆森、阿尔钦、哈特、格罗斯曼、张五常等为代表。约翰·加尔布雷斯尽管在制度经济学领域很有贡献，也被视为制度学派的代表人物之一，但因其研究范式并不符合新古典经济学而没有被纳入新制度经济学的主流。

新制度经济学的影响是巨大的，它的研究队伍也非常庞大。但是，学者们很少会把马克思与制度经济学联系起来。这可能是因为，马克思对微观主体即企业层面的产权（也是制度安排层面的产权）涉猎不多。马克思的重点在于从制度环境即所有制关系层面，去解释制度的长期变迁。不过，随着对马克思产权研究的逐渐深入，学者们逐渐改变了看法，并充分肯定了马克思的重要贡献。比如，新经济史的代表人物，1993 年诺贝尔经济学奖得主诺思对马克思的贡献是认可的。他曾如此评价道，马克思很早就已指出，"一种技术的组织规则和现存产权之间的紧张关系是发生冲突和变革的基本源泉之一"①。其实，在制度安排（institutional arrangement）的层面或财产权的层面，马克思也有大量的论述。根据吴易风（2007）的研究，英文版《马克思恩格斯全集》中不但出现了很多次"pro-perty rights""the rights of property"等含有财产权意义的词语，而且作为具体的权能，比如所有权、占有权、使用权、经营权等更是频繁出现②。就现代产权理论的主要思想之一即交易成本而言，马克思对这一概念的形成和运用，也比科斯早得多。③ 基于这些研究，学者们不但"发现"了马克思的产权理论，而且肯定了他的先驱者地位。其他学者，比如伍德（1988）认为，"马克思是第一位有产权理论的社会科学家"④；平乔维奇（1999）更是认为，"马克思第一次提出了产权理论"⑤。相对于西方学者，中国内地学者特别是马克思主义研究者，对马克思产权理论的评价更加客观。比如，著名马克思主义学者吴易风认为，马克思产权理论是"已经被证明并将继续被证明是社会科学史上的第一个系统的产权理论"⑥。

3.1.2 马克思对制度环境与制度安排及其相互关系的论述

马克思从"法权关系—生产关系—所有制关系"的角度洞察绝

---

① 〔美〕道格拉斯·诺思：《新制度经济学及其发展》，路平、何玮编译，载《经济社会体制比较》2002 年第 5 期。

② "财产关系、财产权、产权等译名出现的次数也还相当之多。经检索，这三个译名出现的次数分别为：财产关系，74 次；财产权，42 次；产权，77 次"；"中文版《马克思恩格斯全集》中出现的次数分别为：所有权，1284 次；占有权，60 次；使用权，50 次；支配权，116 次；经营权，4 次；索取权，24 次；继承权，267 次；不可侵犯权，6 次"（吴易风，2007）。

③ 参见鲍金红、郭广迪《西方经济学者视角中科斯经济思想与马克思的关系》，载《马克思主义研究》2015 年第 7 期，第 86、89 页。

④ 〔英〕J.伍德：《卡尔·马克思经济学：第 4 卷》，克鲁姆·赫尔姆出版公司 1988 年版，第 240 页。

⑤ 〔南〕斯韦托扎尔·平乔维奇：《产权经济学：一种关于比较体制的理论》，蒋琳琦译，经济科学出版社 1999 年版，第 22 - 23 页。

⑥ 参见吴易风《马克思的产权理论——纪念〈资本论〉第一卷出版 140 周年》，载《福建论坛（人文社会科学版）》2008 年第 1 期。

对所有权的本质。不但如此，马克思区分了作为制度环境的所有制关系和作为制度安排的财产权①，并论述了这些观念的内涵。马克思还基于唯物主义而产生了所有制关系变迁的一般规律。不仅如此，不同于现代产权理论"就事论事"的狭隘视野，马克思对财产权的理解也更为深刻：现代产权理论离开制度环境（所有制关系）而单纯论述财产权的产生，并忽略了财产权赖以产生的制度基础。所有制关系决定了财产权的各项内容及其边界，而不是所谓的信息、交易成本、有限理性等次要的因素。在马克思看来，所谓的基于契约自由等出现的法权关系或财产权，作为上层建筑，是由作为经济基础的生产关系所决定的；资本主义社会的产权，反映的是占统治地位的资产阶级的意志。相关的论述是："这种具有契约形式的（不管这种契约是不是用法律固定下来的）法权关系，是一种反映着经济关系的意志关系。法权关系或意志关系的内容是由这种经济关系本身决定的"②；"法的关系正像国家的形式一样，既不能从它们本身来理解，也不能从所谓人类精神的一般发展来理解，相反，它们根源于物质的生活关系"③。在马克思所在的年代，由于物质关系首先表现为所有制关系，故而说，"一定所有制关系所特有的法的观念"④。由其阶级性⑤分析方法，马克思具体指出，法权关系所反映的是占统治地位的生产关系，维护的是统治阶级的利益。依此逻辑推知，"资产阶级的政治统治倒是来源于那些被资产阶级经济学宣布为必然规律和永恒规律的现代生产关系"⑥。

---

①　社会经济制度可以分为三个层次：第一层次是生产资料所有制，这是经济制度的最根本层次，是形成不同社会经济制度的基础。第二层次是具体的产权制度，即所有制的具体表现或实现形式，是处理生产要素的权、责、利关系的规则，是经济制度的中间层次。第三层次是资源配置的调节，它是最具体的直接与经济运行、信息提供、决策机制等相关的规则（白暴力、杨波，2005）。

②　《马克思恩格斯全集》第 23 卷，人民出版社 1972 年版，第 102 页。

③　《马克思恩格斯选集》第 2 卷，人民出版社 1995 年版，第 32 页。

④　《马克思格斯全集》第 30 卷，人民出版社 1974 年版，第 608 页。

⑤　〔美〕熊彼特：《资本主义、社会主义和民主主义》，吴良健译，商务印书馆 2007 年版，第 57 页。

⑥　《马克思恩格斯全集》第 1 卷，人民出版社 1995 年版，第 171 页。

在马克思看来，所有制关系是基本的财产关系，它反映的是统治经济的利益关系。所有制关系的性质，影响乃至于决定着制度安排层面的财产权。所有权或者产权，作为制度安排，其主要特征是由所有制关系决定的。制度安排，体现和实践着所有制关系的基本理念和原则。占有、使用、收益或处分等各种权能的产生及其组合，都受制于所有制关系。在产权理论上，"科学"理论往往裹挟着意识形态因素。基于强权即公理这一精英主义理念的资本主义私有制，使得财产的占有、使用等都是为了保护资本家的利益；它也往往会带来收入分配的两极分化等经济社会问题。但是，这些负面效果或资本主义生产过程的副产品，并没有为现代产权理论所重视。现代产权理论所隐含的辩护功能即为资本主义私有制辩护，也是显而易见的。① 但是，财产权的社会性问题却是马克思理论的核心。

3.2　马克思的财产权社会义务理论

3.2.1　马克思看待外部性的基本理念：社会公平

不同于科斯的效率观，马克思以公平理念看待财产权的性质，以社会认可判断财产权的合法性。② 这使他将占有权与收益权联合起来，讨论财产权社会义务问题。在马克思看来，资本家对生产资料的占有是非法的。因为，资本家通过对生产资料的非法占有获得了

---

① 现代产权理论比如从交易成本等角度去理解产权的产权，从不完全契约理论去理解剩余索取权的赋予，从代理理论去思考激励机制，如此等等。这些理论看起来是中立的和科学的，但都有一个特点即关心效率的最大化和资本的利益。这些理论很少关心产权安排如何维护工人等弱者的利益，更不用说对生态环境的保护以及如何通过国际分工而减少对他国利益带来的不利影响。

② 因为"生产力决定生产关系"这一原理，可能会使人认为就重视效率而言，马克思与科斯有共同点。这是一种误解。马克思对效率的重视，建立在社会公平基础之上。他认为资本主义社会的财产是工人阶级的创造，但收入的分配偏向了资本家。相应的，理想社会要实现工人阶级对财产的占用。

对工人劳动的收益权，即获得了无偿占用工人剩余劳动的权利。生产规模扩大加剧了剥削，资本家越来越富裕，而越来越多的工人变成雇佣劳动者并且变得越来越贫穷。从生产资料的占有与分配的微观角度出发，唯物史观揭示了资本主义私有制的剥削性；基于生产资料的个人所有和生产的社会化矛盾的背景，马克思揭示了资本主义必然灭亡的规律。对此，诺思有着很高的评价："马克思强调在有效率的经济组织中产权的作用，以及现有产权制度与新技术的生产潜力之间的不适应性，这是一个根本性的贡献。"① 当马克思因为贫困、失业等社会问题而批判生产资料私有制时，他已经否定了绝对财产权的观点，"实际上滥用对于私有者具有极为明确的经济界限"②。如果占有违背了公众利益，那么便是摈弃了社会义务。以土地为例，马克思明确指出，"在一定的发展阶段，甚至从资本主义生产方式的观点来看，土地所有权也是多余而且有害的"③。当马克思因为收入分配的两极分化所引起的种种社会问题而否定绝对财产权时，他已经表明了看待外部性问题的基本理念：社会公平。围绕财产的使用权，马克思论述了有关外部性的大量问题。马克思的论述体现了一种以公平性为核心的价值观：既不能以效率的名义而剥削工人创造的剩余价值并使之贫困，也不能为了效率而不顾恶劣的生产与生活条件对工人身心健康的损害。

3.2.2　马克思的财产权社会义务理论：占有权

马克思把社会性视为人的本质，把财产关系理解为社会关系。合作是维系社会的基本前提。这使得马克思必然以社会公平理念去

---

① 〔美〕道格拉斯·C.诺思：《经济史中的结构与变迁》，陈郁、罗华平等译，上海三联书店1991年版，第68页。

② 《马克思恩格斯选集》第1卷，人民出版社1995年版，第131–135页。

③ 《马克思恩格斯全集》第25卷，人民出版社1974年版，第705页。

考察财产权的社会合法性。① 尽管未冠名，但马克思对财产权的社会义务这个问题有着深刻、精辟而全面的论述。深刻性是指他始终从人的社会性和财产权的阶级性这个根本角度思考问题。

对马克思来说，他首先要反对的是，资本主义社会财产占有的绝对权利。关于财产的所有（占用）及其性质，马克思将之视为一种社会关系，认为"因为仅仅从私有者的意志方面来考察的物，根本不是物；物只有在交往中并且不以权利为转移时，才成为物即成为真正的财产"②；"在每个历史时代中所有权是以各种不同的方式、在完全不同的社会关系下而发展起来的。因此，给资产阶级所有权下定义不外是把资产阶级生产的全部社会关系描述一番"③。马克思指出，资产阶级国家及其制定的共同规章即法律"只是为了私有制才存在的"；由于"一切共同的规章都是以国家为中介的"，"表明了一个错觉，仿佛私有制本身仅仅以个人意志即以对物的任意支配为基础，构成司法中所有权规定核心内容的使用和滥用的权利"。④ 通过这几句话，从微观的角度，马克思指出了17、18 世纪的资产阶级学者洛克的"私有财产神圣不可侵犯"和布莱克斯通的"绝对财产权"等观点的虚妄性。以土地为例，英国议员罗伯特·洛对绝对财产权进行了诠释：土地所有者应该完全自由地、随心所欲地使用土地。⑤ 马克思也有类似阐述，"土地所有权的前提是，一些人垄断一定量的土地，把它作为排斥其他一切人的、只服从自己个人意志的领域"⑥。基于收入分配的两极分化及其带来的社会问题，马克思深

---

① 马克思有关"生产力决定生产关系"的论述很可能使人误以为，马克思从效率角度去看财产权问题。显而易见的事实是，马克思为了解决资本主义社会的两极分化及其带来的贫困、失业等经济社会问题，而撰写《资本论》的。他关于共产主义社会的预想，也是基于社会公平而非效率的角度。可以说，社会公平而非效率，才是马克思政治经济学的基本理念，也是马克思产权理论所隐含的基本理念。

② 《马克思恩格斯选集》第 1 卷，人民出版社 1995 年版，第 131 –135 页。

③ 《马克思恩格斯选集》第 1 卷，人民出版社 1995 年版，第 177 页。

④ 《马克思恩格斯选集》第 1 卷，人民出版社 1995 年版，第 131 –135 页。

⑤ E. D. II. J. S. Steele, Mill and the Irish Question: The Principles of Political Economy, 1848—1865. *The Historical Journal*, 1970, 13（2），pp. 216 –236.

⑥ 《马克思恩格斯全集》第 25 卷，人民出版社 1974 年版，第 695 页。

刻地看到了绝对所有权带来的诸多问题①，并因此而否认了资本主义社会私有占有财产的合法性。反对绝对财产权，意味着支持财产权的社会义务。

3.2.3 马克思的财产权社会义务理论：使用权

马克思不但否认了资本主义社会私有占有财产的合法性，也否认了资本主义社会财产的使用权。马克思从广义和狭义两个方面，分析了资本主义社会财产使用权所带来的经济社会等问题，尤其是负外部性问题。狭义的负外部性，是指资本家为了利益而不惜破坏生态环境，不惜损害居民的健康。马克思在《1844 年经济学哲学手稿》一文中，通过大量的调查，揭露了因为空气、水等被污染而导致的恶劣的生活与居住条件。他批判道，"明亮的居室，这个曾被埃斯库罗斯笔下的普罗米修斯称为使野蛮人变成人的伟大天赐之一，现在对工人来说已不再存在了。光、空气等，甚至动物的最简单的爱清洁习性，都不再是人的需要了。肮脏，人的这种堕落、腐化，文明的阴沟（就这个词的本义而言），成了工人的生活要素。完全违反自然的荒芜，日益腐败的自然界，成了他的生活要素"②，"大城市工人区的垃圾和死水洼对公共卫生造成最恶劣的后果，因为正是这些东西散发出制造疾病的毒气。至于被污染的河流，也散发出同样的气体。……一切可以保持清洁的手段都被剥夺了，水也被剥夺了，因为自来水管只有出钱才能安装，而河水又被污染，根本不能用于清洁目的。他们被迫把所有的废弃物和垃圾、把所有的脏水，甚至

① 对于资本主义社会所有权（私有制）带来的问题，卢梭也曾经猛烈抨击，"谁第一个把一块土地圈起来，硬说'这块土地是我的'并找到一些头脑十分简单的人相信他所说的话，这个人就是公民社会的真正缔造者。如果有人拔掉他插的界桩或填平他挖的界沟，并大声告诉大家：'不要相信这个骗子的话；如果你们忘记了地上的产出是大家的，土地不属于任何个人，你们就完了。'——如果有人这么做了，他将使人类少干多少罪恶之事，少发生多少战争和杀戮人的行为，少受多少苦难和恐怖之事的折磨啊"。参见〔法〕卢梭《论人与人之间不平等的起因和基础》，李平沤译，商务印书馆 2007 年版，第 85 页。

② 《马克思恩格斯文集》第 1 卷，人民出版社 2009 年版，第 225 页。

还常常把令人作呕的污物和粪便倒在街上，因为他们没有任何别的办法处理这些东西。这样，他们就不得不使自己的地区变得十分肮脏"①。

恶劣的生产与居住环境，给工人带来了疾病并严重影响着他们的健康乃至于生命。对此马克思也直言不讳："城市中条件最差的地区的工人住宅，和这个阶级的其他生活条件结合起来，成了百病丛生的根源……在这种情况下，这个最贫穷的阶级怎么能够健康和长寿呢？在这种情况下，除了过高的死亡率，除了不断发生的流行病，除了工人的体质注定越来越衰弱，还能指望些什么呢？"②"现代自然科学已经证明，挤满了工人的所谓'恶劣的街区'是不时光顾我们城市的一切流行病的发源地。霍乱、斑疹伤寒、伤寒、天花以及其他灾难性的疾病，总是通过工人区的被污染的空气和混有毒素的水来传播病原菌。"③

恶劣的生产、生活环境对工人的健康、生命带来了损害。不仅如此，利润（效率）导向的资本主义财产使用权，因为工场手工业的细致分工使各部分没有得到协调与均衡的利用，把"工人变成畸形物"④，"使工人畸形发展"⑤，带来了工人"智力上和身体上的畸形化"⑥。通过引用戴·乌尔卡尔特的话，马克思认为，这种分工对工人来说，类似于一种谋杀，"一个人如果应受死刑，对他的分割就叫作处死；如果他不应受死刑，对他的分割就叫作谋杀。对劳动的分割就是对民众的谋杀"⑦。不仅如此，为了利润、为了效率，资本

---

① 《马克思恩格斯文集》第 1 卷，人民出版社 2009 年版，第 410 页。

② 《马克思恩格斯文集》第 1 卷，人民出版社 2009 年版，第 411 页。

③ 《马克思恩格斯文集》第 3 卷，人民出版社 2009 年版，第 272 页。

④ "工场手工业把工人变成畸形物，它压抑工人的多种多样的生产志趣和生产才能，人为地培植工人片面的技巧，这正像在拉普拉塔各州人们为了得到牲畜的皮或油而屠宰整只牲畜一样。不仅各种局部劳动分配给不同的个体，而且个体本身也被分割开来，成为某种局部劳动的自动的工具。"参见《资本论》第 1 卷，人民出版社 1975 年版，第 399 页。

⑤ 《资本论》第 1 卷，人民出版社 1975 年版，第 400 页。

⑥ 《资本论》第 1 卷，人民出版社 1975 年版，第 402 页。

⑦ 〔英〕戴·乌尔卡尔特：《寒常话》，转引自《资本论》第 1 卷，人民出版社 1975 年版，第 402 页。

家使用一切手段来牺牲工人，并且通过延长工作时间等加强剥削。这"使工人畸形发展，成为局部的人，把工人贬低为机器的附属品，使工人受劳动的折磨，从而使劳动失去内容，并且随着科学作为独立的力量被并入劳动过程而使劳动过程的智力与工人相异化；这些手段使工人的劳动条件变得恶劣，使工人在劳动过程中服从于最卑鄙的可恶的专制，把工人的生活时间变成劳动时间"。① 在《资本论》中，马克思通过使用大量资料，揭露了资本家如何巧妙地延长工作时间。而且，他也使用《童工调查委员会报告书》② 来揭露资本家如何通过不人道的童工雇佣，从而扩大剥削对象，赚取更多利润。此外，资本家还通过让工人在下班后把工作带回家和通过加班补贴等方式而提高劳动强度。简言之，资本家通过一切可能的手段，减少成本和迫使工人过度劳动，如恶劣的生产与生活环境、使工人身体和心智变得畸形的作业流程、过高的劳动强度、过多的劳动时间、雇佣童工等。

3.2.4 马克思基于公平原则的财产权社会义务理论：收益权

资本家强调财产权占有的绝对性、不顾社会后果的财产使用，其目的都是牺牲工人的利益而节省成本，榨取工人的剩余价值，以提高资本的利润和资本家的收入。资本主义财产权的一个核心和根本的特征就是剥削，"所有权对于资本家来说，表现为占有别人无酬劳动或产品的权利，而对于工人来说，则表现为不能占有自己的产品"③。这种剥削性的产权，把工人创造产品变成了资本家财产的义务，"产权在资本方面辩证地转化为对他人产品的权利，或者说转化为对他人劳动的产权，转化为不支付等价物便占有他人劳动的权利，

---

① 《资本论》第 1 卷，人民出版社 1975 年版，第 708 页。
② 《资本论》第 1 卷中不少地方提及的《童工调查委员会报告书》，有大量关于工厂使用不满十四岁（包括女童）的资料。为节省篇幅，不再赘述。
③ 《资本论》第 1 卷，人民出版社 1975 年版，第 640 页。

而在劳动能力方面则辩证地转化为必须把它本身的劳动或把它本身的产品看作他人财产的义务"①。

在利润的诱惑下，资本家通过工人创造的剩余价值来扩大生产规模，以加重对工人的剥削，扩大剥削的范围。当然，资本家也会再通过激励机制的设计，进一步加重剥削。比如，在计时工资之外，对于一些可分性的产品，资本家广泛实行计件工资。在《资本论》中，马克思用大量文字，记载计件工资的实行情况及其对扩大剥削对象、加重剥削，进而对工人及其家庭在身体和精神等方面带来的损害。② 特别是在《资本论》第十九章对"计件工资"进行了专门论述。关于这一工资制度的剥削性，马克思有过深刻的论述，"计件工资的形式既形成前面所说的现代家庭劳动的基础，也形成层层剥削和压迫的制度的基础"③。

计件工资之所以具有非常严重的剥削性，原因是多方面的。比如，在额定劳动时间之外，延长劳动时间，扩大剥削对象，"对工作日的规定还遇到工人本身的不规则的生活习惯的障碍，这特别是发生在这样的地方，那里盛行计件工资，在一天或一星期中所旷费的时间可以由以后的过度劳动或做夜工来补偿，这种方法使成年工人变得野蛮，使他们的未成年的和女性的伙伴遭到毁灭"。再如，这便利了资本家克扣工资，"从这方面说，计件工资是克扣工资和进行资本主义欺诈的最丰富的源泉。计件工资给资本家提供了一个十分确定的计算劳动强度的尺度。只有体现在一个预先规定的并由经验确定的商品量中的劳动时间，才被看作社会必要劳动时间，并当作这种劳动时间来支付报酬"④。当然，通过加剧工人相互之间的竞争而降低平均工作等，"计件工资给个性提供的较大的活动场所，一方面促进了工人个性的发展，从而促进了自由精神、独立性和自我监督能

---

① *Karl Marx and Frederick Engels Collected Works*, vol. 28, Moscow: Progress Publishers, 1986, p. 386。转引自吴易风（2007）。

② 《资本论》第1卷，人民出版社1975年版，第523－524页。

③ 《资本论》第1卷，人民出版社1975年版，第606页。

④ 《资本论》第1卷，人民出版社1975年版，第605页。

力的发展；但另一方面也促进了他们之间的互相竞争。因此，计件工资有一种趋势，就是在把个别工资提高到平均水平以上的同时，把这个水平本身降低"①。通过上述分析，可以认为，"计件工资是最适合资本主义生产方式的工资形式"；"在大工业的狂飙时期，特别是从1797年至1815年，计件工资成了延长劳动时间和降低工资的手段"②。通过研究纺织业③、农业④等行业的调查数据，马克思以大量事实证明了计件工资是如何通过上述途径而加重剥削和降低工资的。

除了计件工资之外，产业后备军⑤、劳动分工与协作、技术进步、工艺流程设计等，都是通过强化资本的收益权，而服务于资本的利润最大化。不仅如此，在金融资本（银行）、流通等其他环节，各种资本家加入剥削者的队伍⑥。这就不可避免地导致工人阶级工资越来越低和贫困越来越严重。工人阶级的贫困与社会化大生产能力的增加，产生的结果是不断发生的经济危机。随着资本主义私有制与社会化大生产之间的矛盾⑦不断深化，并变得越来越不可调和，最终会爆发社会革命。可以说，马克思最重要的理论之一是剩余价值，其目的就是要揭示资本主义私有制的剥削性，从收益权这个维度，

---

①　《资本论》第1卷，人民出版社1975年版，第608页。

②　《资本论》第1卷，人民出版社1975年版，第609页。

③　"在织布业中计件工资下降得很厉害，尽管工作已经大大延长，但日工资仍旧低于以前的水平。"参见《资本论》第1卷，人民出版社1975年版，第609页。

④　"随着计件工资的实行而增加的劳动强度和长度，对农业无产阶级毫无好处，这从一本维护大地主和租地农场主利益的书中摘录出来的下面这段话就可以看出……"参见《资本论》第1卷，人民出版社1975年版，第609页。

⑤　"当经济学的智者们向工人说教，要工人使自己的人数去适应资本增值的需要时，他们是多么愚蠢。资本主义生产和积累的机构在不断地使这个人数适应资本增值的需要。这种适应的开头是创造出相对过剩人口或产业后备军，结尾是现役劳动军中不断增大的各阶层的贫困和需要救济的赤贫的死荷重。"参见《资本论》第1卷，人民出版社1975年版，第707页。

⑥　在财产的处分方面（比如转让、抵押和并购等），资本主义私有制也不太考虑对社会公平的不利影响。限于篇幅，关于这一方面的内容不再赘述。

⑦　"一切真正的危机的最根本的原因，总不外乎群众的贫困和他们的有限的消费，资本主义生产却不顾这种情况而力图发展生产力，好像只有社会的绝对的消费能力才是生产力发展的界限。"《资本论》第3卷，人民出版社1975年版，第548页。

否认资本主义社会私有制的非法性①。

3.3　马克思财产权社会义务理论的政策实践

3.3.1　资本主义国家对待外部性的政策实践及其局限性

空气、采光、饮水等领域的狭义外部性，严重影响着受害者的身心健康，损害着他们的福祉，甚至贬低他们的人格。对那些不得不生活在恶劣的居住环境的工人来说，"他的任何一种感觉不仅不再以人的方式存在，而且不再以非人的方式因而甚至不再以动物的方式存在"②。如何对待狭义的外部性问题呢？出于不同利益的考虑，不同主体的态度是不一样的。对作为受害者的工人等主体来说，自然是希望施害者能够停止或者至少减少有危害的经济行为（生产过程）。对资本家来说，这些外部性却因为有助于减少劳动成本（工资）、提高效率和增加利润，而成为可欲之物。自然，资本家也不会主动采取措施（比如通过改造生产流程）去减少环境污染，或者通过投资（比如污水处理）去降低污染对环境的破坏性。不过，由于外部性（比如空气污染及其带来的流行病）会波及资本家，"这些疾病在那里几乎从未绝迹，条件适宜时就发展成为普遍蔓延的流行病，越出原来的发源地传播到资本家先生们居住的空气清新的合乎卫生的城区去。资本家政权对工人阶级中间发生流行病幸灾乐祸，为此却不能不受到惩罚。后果总会落到资本家自己头上来，而死神在他们中间也像在工人中间一样逞凶肆虐"③。此时，资产阶级也会研究流行病，甚至会主张一些干预措施，比如通过法律以减少或限制排

---

① 鉴于马克思对资本主义剥削的讨论极其丰富且主要结论已经为学者所周知，我们在此不加赘述。

② 《马克思恩格斯文集》第1卷，人民出版社2009年版，第225页。

③ 《马克思恩格斯文集》第3卷，人民出版社2009年版，第272页。

污等外部性行为①。

　　贫困、失业和心智不全等广义的外部性，对受害者来说，也是一种负效应。对宏观经济来说，是负产品。但是，对资本家来说，如果负产品的成本由社会承担，那么他们是不会在意的，更不会采取干预措施。对于工人的贫困、疾病，资本家是不以为然的，"真正令人发指的，是现代社会对待大批穷人的态度"②。不过，过于严重的两极分化，可能会带来一些社会问题，比如盗窃、抢劫等恶性案件，甚至会因为工人的游行示威等而引发社会动乱。当然，资产阶级政府会通过严厉的法律，反对工人的流浪等不利于社会稳定的行为。其结果是，"15 世纪末和整个 16 世纪，整个西欧都颁布了惩治流浪者的血腥法律"③。这种情形，以老牌资本主义国家即英国为甚。在亨利七世时期、亨利八世时期④、爱德华六世⑤、伊丽莎白⑥和詹姆斯一世时期⑦，都针对流浪者制定了非常残酷的法律。英国如此，其他国家比如法国也如此。

　　从人道主义出发，或者为了缓解社会矛盾，资产阶级政府也会

---

　　①　"当这一点由科学查明以后，仁爱的资产者便宽宏大量地争先恐后地关怀起自己工人的健康来了。于是就建立协会，撰写著作，草拟方案，讨论和颁布法律，以求根绝一再发生的各种流行病。对工人居住条件进行调查，设法消除最不能容忍的缺陷。特别是在英国，由于那里大城市最多，因而烈火已经烧到大资产者头上，已开展起大规模的活动；委任了调查劳动阶级卫生状况的政府委员会，它们的报告在精确、完备和公正方面胜过大陆上发表的一切资料，成了包含有或多或少严厉的干预措施的新法律所依据的基础。"参见《马克思恩格斯文集》第 3 卷，人民出版社 2009 年版，第 272－273 页。

　　②　《马克思恩格斯文集》第 1 卷，人民出版社 2009 年版，第 410 页。

　　③　《资本论》第 1 卷，人民出版社 1975 年版，第 803 页。

　　④　"亨利八世时期，1530 年，允许年老和无劳动能力的乞丐行乞。但对身强力壮的流浪者则加以鞭打和监禁。他们要被绑在马车后面，被鞭打到遍体流血为止，然后要发誓回到原籍或最近三年所居住的地方去'从事劳动'。"参见《资本论》第 1 卷，人民出版社 1975 年版，第 803 页。

　　⑤　爱德华六世在其即位的第一年（1547 年）颁布的法令规定对流浪者的种种惩罚，详见《资本论》第 1 卷，人民出版社 1975 年版，第 803 页。

　　⑥　伊丽莎白执政时期的 1572 年和 1597 年的法令，对居无定所的流浪者（乞丐）规定非常残酷的惩罚。详见《资本论》第 1 卷，人民出版社 1975 年版，第 804 页。

　　⑦　詹姆斯一世时期的相关规定，详见《资本论》第 1 卷，人民出版社 1975 年版，第 804 页。

采取一些措施，为失业工人提供一些就业机会。比如，为了提高工人的技能，以减少他们的失业威胁，英国曾经根据《济贫法》而设立了"习艺所"（workhouses），其目的是为那些流浪者即乞丐等提供工作机会。然而，出于减少穷人们繁殖后代以减少流浪者等目的和防止传染病广泛传播到社会，这些"习艺所"对流浪者家庭采取了相互隔离的严格限制①。对资产阶级来说，"习艺所"是把流浪者与社会相隔离，从而使社会"免受其害"的碉堡（poor-lawbastiles）。对贫困的流浪者而言，"习艺所"则是变成了他们的"巴士底狱"。②

在马克思之后，通过工人阶级不懈的斗争，英法等资本主义国家通过立法和政策等各种方式，逐渐加强了对环境污染的治理，也通过累进税制、完善社会保障等方式，减少贫困和失业，缓解两极分化及其带来的种种社会问题。不过，资产阶级政府采取的措施不可能是彻底的。因为，这些法律与政策，总体上是以维护资产阶级利益为底线。工人阶级等人民群众的利益，不是资产阶级执政理念。学术研究方面，资产阶级学者忽略了资本主义私有制在所有制关系上的内在缺陷，并专注一些社会融入、最低工资法等细节性问题，故而不可能找到外部性的根源，也不可能找到根本性的解决办法（吴宣恭，2013）。

3.3.2　马克思解决财产权社会义务的政策彻底性

有着高能激励机制，绝对财产权的理论与实践，资本主义一经

---

① "（习艺所）女人、小孩和老头拆旧船索，这种工作有什么微不足道的用处，我已经忘记了。为了使'多余的人'不能繁殖，为了使'道德败坏的'父母不致影响自己的孩子，家庭被拆散了，丈夫、妻子、孩子分别被安置在各幢房子里。他们只有在一定的时间才能见面，次数很少，而且只有当督察人员认为他们很规矩的时候才被允许见面。为了使这些'巴士底狱'中的贫穷传染病完全和外界隔绝，住在里面的人只有得到督察人员的许可才能在会客室里会客，总之，只有在督察人员的监视或许可下才能和外面的人接触。"参见《马克思恩格斯文集》第1卷，人民出版社2009年版，第488页。

② 马克思把"习艺所"讽刺为"巴士底狱"的内容，可参见《马克思恩格斯文集》第1卷，人民出版社2009年版，第467、487、488、745页等。

产生便促进了社会财富的急剧增长。对于资本主义的成就，马克思是持肯定态度的："资产阶级在它的不到一百年的阶级统治中所创造的生产力，比过去一切世代创造的全部生产力还要多，还要大"①。

恩格斯说过："废除私有制甚至是工业发展必然引起的改造整个社会制度的最简明扼要的概括。"② "从这个意义上说，共产党人可以把自己的理论概括为一句话：消灭私有制。"③

"共产主义革命就是同传统的所有制关系实行最彻底的决裂。毫不奇怪，它在自己的发展进程中要同传统的观念实行最彻底的决裂。"④

3.4　马克思财产权社会义务理论的学术与实践影响

19 世纪中后期资本主义生产方式的高歌猛进促进了资产阶级财富爆发式增长，也带来了收入两极分化、持续恶化的工人生活条件和工作环境等问题。贫困以及由此引发的失业、犯罪、吸毒等社会问题也极其严重。马克思的理论，也因超越了空想社会主义和蒲鲁东等无政府主义者的产权理论，在欧美特别是法国被广泛传播并引起了巨大反响。20 世纪初期，马克思的产权理论成为俄罗斯社会主义革命的理论武器。因 20 世纪"大萧条"而产生的凯恩斯经济学，意味着西方国家从宏观政策层面承认了财产权的社会义务。德国《魏玛宪法》的颁布更表明了对财产权社会义务的法律认可。20 世纪70 年代，两极分化、环境恶化、种族歧视、女权等经济社会问题，使马克思的理论受到广泛关注，并成为西方学者分析外部性等财产

---

① 《共产党宣言》，见《马克思恩格斯文集》第 2 卷，人民出版社 2009 年版，第 36 页。

② 《马克思恩格斯选集》第 1 卷，人民出版社 1995 年版，第 237 页。

③ 《共产党宣言》，见《马克思恩格斯文集》第 2 卷，人民出版社 2009 年版，第 45 页。

④ 《共产党宣言》，见《马克思恩格斯文集》第 2 卷，人民出版社 2009 年版，第 52 页。

权社会义务问题的重要思想来源。贝克尔认为，在以经济学方法分析"市场以外的人类行为"方面，马克思是先驱者之一。①布坎南承认，马克思使人认识到市场经济"思想过程"的非中性，即它是"某些人通过它来控制和剥削其他人的体制"。②奥尔森直言不讳，资本主义制度（包括产权安排）的非中性即维护资产阶级而非劳工大众的利益。③一些学者意识到，"集体行动"悖论固然受非理性（即搭便车）的影响，其实也反映了马克思所曾经深刻揭示的社会阶级之间的经济关系。④一些学者也明白，因为"出于对政府权威问题上的偏见，自由民主思想对于体现在财产权上的权威问题仍然感觉迟钝"，所以"仍必须回到马克思"，才能理解"关于民主制政府在财产权和它的严重不平等这一分配上的有害后果"。⑤

应该如何解决贫困、失业、环境污染等外部性问题呢？是牺牲社会公平换取经济增长吗？如果不能牺牲社会公平，那么具体的办法是税收等的改良还是消灭私有制？由于从社会关系思考财产关系的本质，马克思的政策建议与科斯截然相反：剥削工人阶级剩余价值和破坏工人阶级身心健康的私有制是因为违背社会原则而非法；种种问题，需要通过消灭私有制才能得到根除。他的政策主张在世界范围产生了极其深远的影响，早在19世纪后期，便促成了以法国为中心、遍及欧洲大陆的社会主义运动的蓬勃发展以及第一国际和第二国际的产生。20世纪30年代，凯恩斯经济学的兴起，表明资产阶级政府已经意识到消除贫困在提升有效需求和促进增长方面的重要性。"二战"后欧洲福利国家的出现，更是使得马克思的部分设想

---

① 〔美〕加里·贝克尔：《人类行为的经济分析》，王业宇、陈琪译，上海三联书店、上海人民出版社1995年版，第1－19页。

② 〔美〕詹姆斯·布坎南、戈登·洛克：《同意的计算——立宪民主的逻辑基础》，陈光金译，中国社会科学出版社2000年版，第8－9页。

③ 〔美〕曼瑟尔·奥尔森：《集体行动的逻辑》，陈郁、郭宇峰、李崇新译，上海三联书店、上海人民出版社2007年版，第125页。

④ 〔荷〕汉斯·范登·德尔、本·范·韦尔瑟芬：《民主与福利经济学》，陈刚、沈华珊、吴志明、黄文红译，中国社会科学出版社1999年版，第51－53页。

⑤ 〔美〕查尔斯·林德布洛姆：《政治与市场：世界的政治—经济制度》，王逸舟译，上海三联书店1994年版，第7－8页。

变成现实。德国在战后所选择的社会市场模式，也吸收了马克思的理论成果。在具体领域，西方国家在反垄断、童工与妇女保护、劳动保护、环境问题、社会保障等方面有越来越多的共识乃至于形成了国际范围内大规模而持续的统一行动。可以说，是马克思在某种程度上延缓了资本主义的灭亡进程。然而，阶级局限性使得西方学者对资本主义的贫困、失业、生态环境破坏等问题的认识必然是片面的。由于以不触动垄断利润为底线，政策改良是在私有制框架内的修修补补，不能从根本上解决问题。基于人的社会性、以公平为核心理念的社会主义公有制，才能使马克思财产权社会义务的理论得到最充分的实践。

4 马克思财产权社会义务理论在中国的成功实践及普适性意义

4.1 马克思产权理论在中国的成功实践

4.1.1 第一阶段：社会主义公有制的建立

第一次全面践行马克思理论的是，20 世纪初第一个实施社会主义公有制的俄国。但是，俄国对马克思的理解是教条主义式的。马克思预设了生产资料的社会所有，但这并不意味着生产资料的公有制是社会主义基本经济制度的唯一内容；并不意味着占有权是财产权的唯一权能。马克思支持公平但并不反对效率，而是主张经济增长的成果要让所有人分享。马克思将产权理解为生产资料的占有，乃时代背景使然。19 世纪中叶资本主义国家尽管多次出现了经济过剩，但基本矛盾依然是供小于需的卖方市场。尽管垄断资本主义有所发展，但自由竞争依然是主要特征。这意味着，拥有一定数量的生产资料，就能够通过自我雇佣的小生产获得维持个人或家庭生计的收入。离开背景而进行教条化的实践，必会犯错。比如，对于供小于需的经济体来说，即使劳动者拥有一定数量的生产资料，也已经难以解决贫困等问题。主要经济矛盾的变化，也必然要求有实现社会公平的新方式。对于这些问题，苏联因陷入教条主义而遭遇重大挫折。

实践马克思理论最成功的是中国。新中国成立 70 多年来，结合中国具体国情，从对原生态马克思主义的回归，到对次生态、再生态马克思主义的超越,① 继而到对新生态马克思主义持续探索,马克思主义中国化进程不断推进,并成功指导着中国特色社会主义现代化建设实践。

"如果要缔造平等,首先要必须打倒所有权。"②

邓小平认为:"社会主义制度总比弱肉强食、损人利己的资本主义制度好得多。"③

"财产权属于那些被其他人承认的个人,它绝不是这个个体在他人承认之前所固有的特质。占有关涉个体,财产权则关涉社会,因为占有通过他人的承认而成为财产,所以财产权是一种社会属性。"④黑格尔的财产权概念的根基不是个体主义,而是以社会为前提。⑤

1949 年之后,根据马克思主义的理论预见和参考苏联的经验,中国通过社会主义改造而建立了生产资料全民或农民集体所有的公有制。这使得中国在短时期内建立起完善的国民经济体系,杜绝了生产的无政府主义和分配过程中资本对劳动的剥削,也极大地提高了中国的潜在增长率。重工业优先发展的模式对比较优势的偏离、计划经济体制对市场配置资源的否定,也抑制了实际增长率的提升。

4.1.2 第二阶段:社会主义市场经济体制的建立

在社会化生产的条件下,应"尽可能快地增加生产力的总量"⑥,但是效率的提高依赖于交换,所有者并不一定能够实现商品价值的

---

① 高齐云:《马克思主义哲学原生形态探微》,广东人民出版社 1998 年版,第 2 页。

② 〔法〕蒲鲁东:《什么是所有权》,孙署冰译,商务印书馆 2007 年版,第 4 页。

③ 邓小平:《党和国家领导制度的改革》,见《邓小平文选》第 2 卷,人民出版社 1994 年版,第 337 页。

④ 〔以色列〕阿维纳瑞:《黑格尔的现代国家理论》,朱学平、王兴赛译,知识产权出版社 2016 年版,第 109 页。

⑤ 康翟:《财产权及其批判——基于历史唯物主义的考察》,复旦大学出版社 2020 年版,第 116 页。

⑥ "无产阶级将利用自己的政治统治,一步一步地夺取资产阶级的全部资本,把一切生产工具集中在国家即组织成为统治阶级的无产阶级手里,并且尽可能快地增加生产力的总量。"参见《马克思恩格斯选集》第 1 卷,人民出版社 1995 年版,第 293 页。

"惊险一跳"。1978 年之后，按照"效率优先，兼顾公平"的理念，中国对马克思产权理论进行了第二次创新：通过对所有权与使用权的分离和市场化价格形成机制，提高资源配置效率。同步推进的是，通过税收、物价、收入等政策，将绩效与贡献紧密联系起来。这使得市场化资源配置制度成为中国特色社会主义基本经济制度的一部分。制度改革促进了经济的快速增长和经济效率的快速提升，促进了人均 GDP 持续改善提升，而整体发展水平也在 21 世纪初期进入了工业化后期阶段。

4.1.3 第三阶段：社会主义分配体制的完善

效率的改善，也伴随着收入分配差距的扩大。缩小收入差距、实现共同富裕，成为新的目标。政府在经济发展中的主要作用，从以激发市场活力、提高效率为主，更多转变为以平衡市场力量、提高经济发展的分享度、促进发展的均衡性为主。以收入分配和均衡增长为重点，中国对马克思理论进行了第三次也是更大范围的创新。具体内容包括：以合理化资本与劳动的相对份额为重点，全面实现要素所得在各主体之间的合理分配；以发展战略和供给侧的结构改革，促进区域与城乡的均衡发展。中国坚持市场在资源配置中的决定性作用，同时始终牢记社会公平的初衷并以有形之手去平衡市场的自发力量，实现效率与公平的统一，以实现共同富裕的社会主义的本质。对中国来说，公平的主要维度是空间，即区域与城乡。按照对公平分配的新理解，中国从 20 世纪 90 年代开始，先后实施了西部大开发、振兴东北老工业基地和中部崛起等区域发展战略。21 世纪以来，中国开始了以工促农、以城带乡的发展模式。乡村振兴战略的提出，更是表明实现城乡均衡发展已经成为实现共同富裕的基本路径。以收益权的有效实现方式成为体制改革的重点。这标志着以生产资料所有制、经济运行机制和分配方式"三位一体"社会主义基本经济制度的正式形成①。

4.2　中国基本经济制度所具有的普适性价值

也许有人认为，马克思与科斯无本质区别。因为二人均秉承特殊的方法即阶级分析法②，差别在于所偏向的对象：前者代表劳动大众，后者代表精英分子。这是从观察表象而产生的认识误区。财产权社会义务，意味着我们的理性经济行为以不伤害他人利益和损害社会合作为底线。一种科学和人道的财产权社会义务，并不是对某个阶级提出的特殊要求，而是对所有人提出的普遍性要求。当马克思把人的本质视为社会性的时候就已经表明，他的产权思想是超阶级的。他在分析资本主义社会的财产权时，通过揭示阶级性表明其虚伪性。在预设共产主义社会的财产权时，马克思和恩格斯指出："共产主义并不剥夺任何人占有社会产品的权力，它只剥夺利用这种占有去奴役他人劳动的权力。"③ 马克思的财产权社会义务理论，不但面向所有人，而且面向财产权的所有权能：在占有、使用、收益和处分等领域，产权都是为了实现的人的本质④，故而不会也不能伤害任何其他人。共产主义的理想社会是一种愿景。其意义在于它深刻反映了财产权的社会性本质。它要求把人的全面发展作为产权的基础，而不是相反。⑤ 基于社会公平理念而建立的产权制度，能最大程度维系社会合作和积累人类有关经济成果的抽象知识。马克思的

---

①　参见简新华《必须正确认识社会主义基本经济制度》，载《政治经济学评论》2021 年第 4 期；郭强《社会主义基本经济制度论——习近平关于马克思主义政治经济学的重大原创性贡献》，载《科学社会主义》2022 年第 3 期。

②　参见程恩富《产权制度：马克思与西方学者若干理论比较》，载《社会科学》1998 年第 2 期。

③　《马克思恩格斯选集》第 1 卷，人民出版社 1995 年版，第 288 页。

④　"共产主义是私有财产即人的自我异化的积极的扬弃，因而是通过人并且为了人而对人的本质的真正占有；因此，它是人向自身、向社会的即合乎人性的人的复归，这种复归是完全的，自觉的和在以往发展的全部财富的范围内生成的。"参见马克思《1844 年经济学哲学手稿》，人民出版社 2000 年版，第 8 页。

⑤　参见《马克思恩格斯全集》第 23 卷，人民出版社 1972 年版，第 722 页注（115）。

产权理论，因此具有普适性价值。

认识普适性价值，需要基于马克思主义的哲学原理来洞察公有制的本质。① 这需要理论的洞见。20世纪50年代进行的产权改造，使马克思产权理论得到充分实践。这种理论创新和制度实践，代表了财产权演变的方向。然而，"大跃进""三年自然灾害"及其后的"文化大革命"，使人怀疑甚至否定马克思产权理论的科学性，更遑论普适性了。尽管如此，著名历史学家却透过混乱的表象而依然洞察到这种体制所蕴含的普遍性意义：中国社会主义基本经济制度对公平的重视和对全体人民利益的维护。这与精英主义理念的财产权构成了鲜明对比。故而，在20世纪60年代，即使西方依然经济繁荣，中国经济相对落后甚至秩序非常混乱，汤因比却认为它代表了人类的前进方向，因为能够弥补西方思想的缺陷，中国可能演化出一种能代表经济发展的新模式即综合模式。汤因比是充满智慧的，他的预测逐渐变为现实。经过70多年的创新与发展，中国以马克思主义产权理论为基准，吸收西方产权理论的科学成分，结合中国国情，创建了中国特色的基本经济制度。在微观层面全面、系统地体现了财产权社会义务埋论的基本经济制度，是理解中国经济增长奇迹的一把"金钥匙"②。而且，学者们对"经济绩效最终源泉圣杯的找寻"③，要重新回到马克思。这也是中国经济保持长期增长的密钥。

"如果说自决是成长的标准，自决的意思是自省。"④

---

① 参见刘灿《我国转型时期财产权结构及其矛盾的政治经济学分析》，载《政治经济学评论》2015年第3期。

② 参见周跃辉《从社会主义基本经济制度理解中国经济奇迹》，载《经济社会体制比较》2021年第6期。

③ 参见〔美〕C. 诺思"绪论"，见〔美〕约翰·N. 德勒巴克、约翰·V. C. 奈编《新制度经济学前沿——从新制度经济学角度的透视》，张宇燕等译，经济科学出版社2003年版。

④ 〔美〕汤因比：《历史研究》，刘北成、郭小凌译，上海人民出版社2005年版，第122页。

结　　语

　　制度是理念塑造的。理念决定了人们对经济问题的价值判断。①
理念并非纯粹，因为它常裹挟着私利。构建中国特色社会主义基本
经济制度，需要正确的理念来指导。这涉及对马克思主义和现代产
权理论的取舍。选择似乎是不言自明的，但现实并非必然如此。作
为西方产权理论的代表，科斯定理像一个幽灵，徘徊于各类文献的
字里行间。由于科斯有意的模糊和西方学者有意的回避，科斯产权
理论的核心观点和为私有制辩护的本质被隐藏了。符号化的科斯定
理已经成为形而上学，并成为寄托许多人关于产权的愿望的乌托邦。
市场上兜售的科斯定理，并非科斯产权理论的真正观点，而是夹杂
着庸俗学者的私利。这使得学者们对科斯思想有大量的误解而在阐
述时产生巨大的理论混乱。这既影响学术发展，也可能误导中国经
济制度改革。为正本清源，本书运用马克思主义基本原理而解构
《社会成本问题》，以识别科斯的方法与理论错误，辨析其理论，澄
清庸俗化的曲解；通过比较分析，阐述马克思产权理论的中国化及
其普适性价值。

　　本书研究的主要结论如下。《社会成本问题》经济分析部分的所
有结论都是伪命题，因为分析方法是错误的。科斯提出的赔偿标准
不可能为当事人所接受。法经济分析则表明了科斯对待外部性的基
本态度：环境污染等是经济发展必须要付出的代价；排污是生产者
的权利，其不利影响应由受害者承担或采取预防措施。通过外部性
而借题发挥，科斯表达了产权的核心观点：所有者可以随心所欲地

---

　　① 参见〔美〕C. 诺思"绪论"，见〔美〕约翰·N. 德勒巴克、约翰·V. C. 奈编
《新制度经济学前沿——从新制度经济学角度的透视》，张宇燕等译，经济科学出版社 2003
年版。

使用其资产。但其真实目的是：以效率的理念，看待外部性；以自由竞争的名义，保护垄断；以公共利益的名义，保护垄断者私利。科斯的主要学术贡献是，将绝对财产权从占有权扩展到使用权。这一思想，被庸俗学者包装并以现代产权理论的面貌呈现为科斯定理，并因意识形态的乌托邦需要而成为形而上学的新自由主义的旗帜和投向社会主义公有制的匕首。与科斯的效率观比较，马克思基于人的社会性，以公平理念看待外部性。从财产的占有、使用、收益等方面，马克思因负外部性而宣告私有制的非法性，并为未来社会勾勒了产权制度的轮廓。基于马克思主义基本原理，结合中国国情，从占有、使用和收益诸权能的外部性，沿着生产资料公有制、市场经济体制和分配制度的"三步走"战略，中国共产党实现了马克思产权理论的中国化，并建立起了具有普适性意义的中国特色社会主义基本经济制度。

不同的基本经济制度，建立于不同的价值观之上。这决定了科斯与马克思理论之于中国的不同意义。在转轨时期，庸俗化的科斯理论通过制度安排层面的激励机制改革而提高效率、鼓励竞争等，曾经发挥过有限的借鉴作用。在中国步入现代化建设第三步的新阶段，在贯彻创新、协调、绿色、开放、共享新发展理念的新时代，中国要完善中国基本经济制度的理论建构，只能通过马克思产权理论的中国化。私有制意识形态的渗透、科斯理论的迷惑性等因素，使得科斯理论在中国依然有一定的市场。在进一步完善基本经济制度时，我们要始终警惕科斯理论的糖衣炮弹，因为"它的反马克思主义、反社会主义、替资本主义和资产阶级辩护的本质都是客观存在的，而且是永远也不会改变的"[①]。同时，要坚持马克思主义中国化的"两个结合"，充分重视生产资料所有制、经济运行机制和分配方式三者的协调作用，实现整体发力、优势互补、相互促进，在相辅相成、相得益彰中发挥最大效用。推动生产、流通、消费、分配

---

① 参见丁堡骏《必须加强马克思主义对西方经济学教学工作的指导》，载《当代经济研究》2006年第1期。

的改革协同配套，在加快推进高质量发展中开创中国特色社会主义共同富裕的新道路。

参 考 文 献

［1］〔英〕汤因比. 历史研究［M］. 刘北成，郭小凌，译. 上海：上海人民出版社，2005.

［2］鲍金红，郭广迪. 西方经济学者视角中科斯经济思想与马克思的关系［J］. 马克思主义研究，2015（7）.

［3］〔英〕庇古. 福利经济学［M］. 北京：华夏出版社，2007.

［4］〔美〕布坎南. 自由、市场与国家［M］. 吴良健，桑伍，译. 北京：北京经济学院出版社，1989：132.

［5］陈锡文. 试析新阶段的农业、农村和农民问题［J］. 宏观经济研究，2001（11）：12 - 26.

［6］段毅才. 西方产权理论论结构分析［J］. 经济研究，1992（8）.

［7］黄少安. 现代产权经济学的基本方法论［J］. 中国社会科学，1992（2）.

［8］李昌平. 慎言农村土地私有化［J］. 农村经济与科技，2003，14（2）：13 - 15.

［9］林岗，张宇. 产权分析的两种范式［J］. 中国社会科学，2000（1）.

［10］刘灿. 我国转型期财产权结构及其矛盾的政治经济学分析［J］. 政治经济学评论，2015（3）.

［11］〔法〕卢梭. 论人与人之间不平等的起因和基础［M］. 李平沤，译. 北京：商务印书馆，1997.

［12］罗必良. 科斯定理：反思与拓展——兼论中国农地流转制度改革与选择［J］. 经济研究，2017（1）.

［13］米运生. 境外战略投资者与国有银行效率的帕累托改进［J］. 经济社会体制比较，2008（2）.

［14］平新乔，刘伟．本世纪以来西方产权理论的演变［J］．管理世界，1988（4）．

［15］〔美〕萨拜因．政治学说史：城邦与世界社会［M］．邓正来，译．上海：上海人民出版社，2015．

［16］田传浩．土地制度兴衰探源［M］．杭州：浙江大学出版社，2018．

［17］文贯中．解决三农问题不能回避农地私有化［J］．前沿视野，2006（11）：38－40．

［18］文贯中．土地制度必须允许农民有退出自由［J］．社会观察，2008（11）：10－12．

［19］文贯中．吾民无地：城市化、土地制度与户籍制度的内在逻辑［M］．北京：东方出版社，2014．

［20］吴宣恭．西方现代产权理论的影响和社会实践：从与马克思主义产权理论的比较看［J］．学术月刊，2000（2）．

［21］吴易风．产权理论：马克思和科斯的比较［J］．中国社会科学，2007（2）．

［22］〔英〕休谟．人性论：在精神科学方法中采用实验推理方法的一个尝试（上）［M］．关文运，译．北京：商务印书馆，1997．

［23］杨伯峻．孟子译注［M］．北京：中华书局，2008．

［24］杨小凯．中国改革面临的深层问题：关于土地制度改革［J］．战略与管理，2002（5）：1－5．

［25］杨小凯．中国土地所有权私有化的意义［J］．信报财经月刊，2001（4）：12－14．

［26］ALCHIAN A A, DEMSETZ H. Production, information costs, and economic organization ［J］. American economic review, 1972, 62 (5): 777－795.

［27］ALCHIAN A A. Some economics of property rights ［J］. Politico, 1965, 30 (4): 816－829.

［28］BARZEL Y. Economic analysis of property rights ［M］. Cambridge：Cambridge University Press, 1997.

[29] BESLEY T. Property rights and investment incentives: theory andevidence from Ghana [J]. Journal of political economy, 1995, 103 (5): 903 – 937.

[30] BOVEN L V, LOVENSTEIN G, DUNIGN D. Mispredicting the endowment effect: underestimation of owners' selling prices by buyer's agents [J]. Journal of economic behavior and organization, 2003, 51 (3): 351 – 365.

[31] CHEUNG S. The Contractual nature of the firm [J]. Journal of law and economics, 1983, 26 (1): 121.

[32] COASE R. Essays on economics and ecoonmists [M]. Chicago: The University of Chicago Press, 1994.

[33] COASE R. Saving economics from the economists [J]. Harvard business Review, 2012, 90 (12): 36 – 36.

[34] COASE R. The firm, the market, and the law [M]. Chicago: The University of Chicago Press, 1988.

[35] COASE R. The Problem of social cost [J]. Journal of law and economics, 1960, 3: 1 – 44.

[36] FELDER J. Coase theorems 1 – 2 – 3 [J]. American economist, 2001, 45 (1): 54 – 61.

[37] HART O, MOORE J. Property rights and nature of the firm [J]. Journal of political economy, 1990, 98 (6): 1119 – 1158.

[38] MEDEMA S G. The Legacy of ronald in economic analysis [M]. Vermont: Edward Elgar, 1995.

[39] PLATTEAU J P. The Evolutionary theory of land rights as applied to Sub-Saharan Africa: a critical assessment [J]. Development and change, 1996, 27 (1): 29 – 86.

[40] RAWLS J B. Lectures on the history of political philosophy [M]. Cambridge: Harvard University Press, 2007: 147.

[41] THALER R H. Toward a positive theory of consumer choice [J]. Journal of economic behavior and organization, 1980, 1 (2): 39 – 60.

［42］ WILLIAMSON O E. The Economic institutions of capitalism ［M］. New York：The Free Press，1985.